MATTHIAS MALA

RACHE

IST

BLUTWURST

MATTHIAS MALA

RACHE IST BLUTWURST

Der ultimative

Leitfaden für

den rachedurstigen

Zeitgenossen

Die Deutsche Bibliothek - CIP-Einheitsaufnahme

Mala, Matthias:
Rache ist Blutwurst : der ultimative Leitfaden für den rachedurstigen Zeitgenossen / Matthias Mala. - Landsberg
am Lech : mvg-verl., 1997
    (mvg-Paperbacks ; 570)
    ISBN 3-478-08570-5

© mvg-verlag im verlag moderne industrie AG, Landsberg
am Lech
Internet: http://www.mvg-verlag.de

Umschlaggestaltung: Felix Weinold, Schwabmünchen
Zeichnungen: Matthias Mala
Satz: Wolfgang Appun, München
Druck- und Bindearbeiten: Ebner, Ulm
Printed in Germany 080 570/897502
ISBN 3-478-08570-5

Inhaltsverzeichnis

Vorwort 9

Rache, Widertat oder Frevel? 11

Das große 1x1 der Rache 22

Checkliste für Feinde 29

Auge in Auge mit dem Feind 32
Hochmut bringt den Feind zu Fall 33
Auch viele kleine Stiche töten einen Stier 36
Auch eine kleine Fiesheit bereichert das Leben 39

Gesprächskultur unter Feinden 43
Wie eine lange Rede zu Musik im Ohr des Rächers
wird 43
„Nein" genügt! 43
Gewähren Sie kein Pardon! 44
Stechen Sie in die offene Wunde und kommen Sie
auf den Punkt zurück! 45
Nehmen Sie Ihren Feind beim Wort! 46
Eine lange Rede raubt dem Feind den Nerv 47
Körpersprache, die wortlose Beleidigung 48
Taube Ohren reizen gut 50
Lassen Sie sich nur unter Zeugen beleidigen! 51

Der Feind steht im Laden 53
Eine schlechte Empfehlung ist Goldes wert 53
Aufs Gramm genau und auf Heller und Pfennig 54
Der Rächer als Chaot im Laden 56

Rächer sind keine Vandalen 56
Verschaffen Sie sich selbst den Anlaß zur Beschwerde   57
Rächerhände beschmieren Tisch und Wände 59
Barecodes, oder wie kleine Striche Ärger bereiten 59
Als Rächer im Einkaufszentrum 60
Kleine Tips für Tante Emmas Rächer 62

Der böse Nachbar 64
Laßt Lautsprecher sprechen! 65
Wie man seinen Feind umlärmt 66
Kleine Rüpeleien erhalten die Feindschaft 68
Kleine Schändlichkeiten unter Hausfeinden 69
Die Zeitung, ein allmorgendliches Mißvergnügen 70
Der Briefkasten als Tür zum Feind 71
Angriffsfläche Haustür 73
Böse Kellergeister, oder wie der eigene Schaden heiligt   74
Wenn der Müllmann kommt 75
Ein Oberblockwart als Hausmeister 76
Mieter und Vermieter, eine natürliche Feindschaft 77
Der böse Nachbar lebt im Reihenhaus 78
Man schlägt die Blüte und trifft den Feind 78
Wäsche, Weiß raus, Farbe rein 79

Mein Feind, mein Freund 81
Schlecht geraten ist gut gerächt 82
Die Party als Schlachtfeld für den Rächer 84
Was liest du für Schund! 85
Fürchterliche Gastgeschenke 86
Der Hinterhalt im Badezimmer 87
Der Feind als Clown 88
Mit dem Feind auf Tuchfühlung 89
Wehe dem Feind, Rache seinem Computer! 92

Trennung schafft Feindschaft 96
Das flammende Schwert der Rache gegen Hab und
Gut 97
Statt Rundumschlag ein gezielter Stich 99
Als letzten Gruß ein Stein ins Fenster 103
Du sollst schlecht über deinen Feind raunen! 107

Rache über den heißen Draht 110
Sich wehren per ISDN-Anschluß und Telefon-CD 110
Anrufbeantworter: Sprich dirs von der Seele! 111
Wie man einen Anrufbeantworter lahmlegt 112
Heiße Ohren per heißem Draht 112
Schick deinen Feind in Urlaub! 113
Wie man zu einer Telefonparty lädt 114
Das feindliche Mobiltelefon – ein offener Geldbeutel .. 115
Gehässigkeiten per Fax 119
Fax fürs Altpapier 121
Den Feind per Fax bewegen 121

Geschäftsfeinde unter sich 123
Wie ein Betriebsgeheimnis zur Bombe werden kann ... 124
Kleine Schändlichkeiten für den kleinen Gram 125
Wie man für seinen Feind tätig werden kann 129
Mit dem feindlichen Briefkopf in Händen für Wirbel
sorgen 130
Vorsicht Werbung! 132
Wie man seinem Feind ein paar Überstunden
aufbrummt 134
Den Umsatz des Gegners kurzfristig beleben 135
Vorfreude auf eine kalte Dusche 136

Der lange Arm des Rächers 139
Friede seiner Asche! 140
Schlechte Karten für den Feind 141

Feind sucht Störenfriede, und andere hilfreiche
Annoncen 143
Der Feind kauft ein 145
Wie man seinen Widersacher an den Pranger stellt 147
Wie man seinem Feind den Boden entzieht 147
Weh dem Feind, Unflat seinem Vehikel! 149
Der schlimmste Hund im Land ist der Denunziant 151

Schlüpfrige Rachegelüste 154
Ein Kondom gehört zum guten Ton 154
Bei Anruf Sex? 156
Ringelschwänzchen und Godemiché 157
Fundgrube Kontaktmagazin 159
Playgirl oder Playboy 160

Rache kreuz und quer 162
Der Feind hat einen Namen 162
Meine beste Feindin 164
Heute schon geplottert? 165
Das Gerücht, ein schleichendes Gift für den Feind 165
Ein Feind für den Feind 167
Der Feind sitzt im Amt 167
Rache unter Autofahrern 169
Mein Feind ein Dieb! 170
Sparen für den Feind heißt kündigen 171
Der Rächer knipst mit 172
Briefe, die jeder gerne liest 173
Wenn man sich nicht mehr riechen kann 174
Kaugummi und Sekundenkleber 176
Rachevariationen 177

Stichwortverzeichnis 181

Vorwort

Sollte jemand, der ein Buch über Rache schreibt, zugleich auch Zoro, der Rächer sein? Nun, ich meine, ganz gewiß nicht. Jedenfalls bin ich nicht mehr oder minder rachsüchtig wie jeder andere Zeitgenosse auch. Rache ist nicht nur dem *biblischen* Gott vorbehalten – und der *liebe* Gott ist schon gar kein rächender Gott. Rache und Rachegelüste sind eigentlich durch und durch menschlich. Das Verlangen, nach angetaner Schmach Sühne und Vergeltung frei nach dem Motto „Wie du mir, so ich dir" zu üben, steckt in einem jeden von uns. Nur der eine mag zu seinen Rachegefühlen stehen, der andere nicht.

Als ich mich bei der Abfassung dieses Werkes unter Freunden und Bekannten umhorchte und sie befragte: „Was würdest du tun, wenn ...?", erhielt ich nicht nur einen Strauß sinisterer Tips, teils spontan fabuliert, teils aus eigener Erfahrung oder vom Hörensagen, sondern erhielt auch ein zwiespältiges Echo zu meiner Absicht. Die überwiegende Mehrheit zeigte sich freilich von meiner Idee, ein Vademekum für Rächer zu verfassen, vollauf begeistert und bedang sich sogleich ein persönliches Exemplar aus. Eine kleine Minderheit aber gab sich bedenklich und teilweise irritiert. „Du ein Buch über Rache? Wie kannst du nur ...?", fragten mich manche pikiert, als würde ich dem Beelzebub meine Seele verkaufen wollen. Freilich nahm ich ihnen ihre aufgetragene Friedfertigkeit nicht ab. Vielmehr entdeckte ich hinter ihrer vordergründigen Ablehnung nur das altbekannte Bähgefühl „So etwas tut man doch nicht ...". Indes wir tun es alle! Wenn auch selten durch die Tat, so doch in Gedanken.

Jedenfalls muß ich zur Mißbilligung all meiner friedfertigen und harmoniebeflissenen Mahner gestehen, die Arbeit an diesen Zeilen hat mir einen teuflischen Spaß gemacht. Manches Mal erschien mir mein Tun beinahe von therapeutischem Nutzen. So schwelgte ich gelegentlich in genüßlichen Rachephantasien und briet so manchen Widerling, der mich einst schikanierte, geistig ein zweites Mal am Spieß. Streckenweise aber saß ich mit schelmischem Grinsen vor meinem Manuskript und mußte des öfteren herzhaft lachen. Rückblickend möchte ich sagen, es war eine erkenntnisreiche Zeit, in der ich tief in meine Seelenschründe blicken durfte – und, wenn ich ehrlich bin, auch hin und wieder vor mir selbst erschrak. – Aber nur ein klein wenig!

In dieser Weise erfuhr ich erneut, was mir längst Lebensweisheit war: Nur wer zu seiner Rachelust steht, steht auch zu seiner Schattenseite und deshalb ganz zu sich. Und nur wer sich mit seiner Licht- und Schattenseite erkennt, vermag sich in seinem ganzen Menschsein zu erkennen. – In diesem Sinne darf ein jeder diese Schrift auch als Reiseführer in seine eigenen Abgründe verstehen. Es mag eine ungewohnte Reise sein, doch sie kann teuflisch Spaß machen. Warum auch soll die Beschäftigung mit unserer Schattenseite stets mit Zerknirschung einhergehen? Belassen wir die Skrupel doch für einen Moment den Heuchlern, die sich entrüsten mögen; blicken wir dafür etwas tiefer!

Matthias Mala

Rache, Widertat oder Frevel?

Jeder Rachewunsch hat seine Vorgeschichte. Das Verlangen nach Rache entsteht nicht aus unserer aggressiven Natur heraus, sondern aus der Verletzung unserer Persönlichkeit durch andere; wobei es kaum einen Unterschied macht, ob wir in unserem Ehrgefühl verletzt wurden oder in materieller Weise eingeschränkt oder hintergangen worden sind. Zugleich ist der Wunsch nach Rache oft auch Ausdruck eines Unterlegenheitsgefühls. Wobei dieses Empfinden keineswegs einem tatsächlichen physischen oder psychischen Defizit gegenüber seinem Feind entspringen muß. Vielmehr entsteht dieses Unterlegenheitsgefühl weit häufiger unter dem Eindruck der Hilflosigkeit, den erlittenen Angriff nach den herkömmlichen Regeln des Rechts zu sühnen; daß aber das uns Zugefügte ungesühnt bleiben soll, verletzt unser natürliches Gerechtigkeitsempfinden zutiefst. In solcher Weise doppelt verletzt, suchen wir den Ausweg in der Rache, um durch eine passende Form der Vergeltung unserem Feind eine unserem Schmerz adäquate Pein zuzufügen.

Gleichwohl ist Rache keine Selbstjustiz. Selbstjustiz bedeutet schließlich, das Recht in die eigene Hand zu nehmen. Rache mißt sich jedoch nicht an irgendwelchen, gleich wie gearteten Rechtsnormen, sondern an dem individuellen Schmerz, den es durch eine Widertat zu vergelten gilt.

In der Genealogie der biblischen Schöpfungsgeschichte wird uns mit der Urzeiterzählung von Kain und Abel zugleich ein erster Bericht von einer Rachetat gegeben. Danach war Kain der erste Sohn von Adam und Eva. Kain war ein Bauer, während sein jüngerer Bruder Abel sich das Handwerk des Schäfers aneignete. Sowohl Kain als auch Abel brachten

Gott ein Opfer dar. Kain opferte die erste Frucht von seinem Acker, während Abel das erstgeborene Schaf seiner Herde Gott darbrachte. Gott war das Opfer Abels wohlgefällig, dagegen verschmähte er Kains Opfer. Kain war über die göttliche Abweisung abgrundtief erbost. Da er seinen Schmerz jedoch nicht an seinem Gott vergelten konnte, rächte er sich an ihm, indem er den ihm lieben Abel erschlug. Daß Kain, indem er den Sack schlug, um den Esel zu treffen, nicht nur eine rachetypische Umwegshandlung beging, sondern durch seine Widertat auch seinen Gott gleichermaßen verletzte, zeigte sich an der göttlichen Reaktion. *„Unstet und flüchtig sollst du sein auf Erden"*, erscholl die Strafe aus Gottes Mund. Zugleich aber schützte er ihn durch das Kainsmal vor der Rache seiner Mitmenschen.

Mit dem Kainsmal wird nicht nur die Vollendung der göttlichen Strafe umschrieben, die kein Mensch verkürzen sollte, indem er sich anmaßte, Abel durch Kains Blut zu rächen. Vielmehr verbirgt sich dahinter auch ein gewisses Verständnis für Kains Widertat. Zum einen mag dieses Verständnis historisch bedingt sein, schließlich steht die Figur Kains für die Keniter, das israelitische Brudervolk, das bereits vor dem Einzug der Israeliten in Kanaan gelebt hatte und durch deren Landnahme entwurzelt wurde. Der Totschlag Abels mag also im Zuge der Verteidigung kenitischer Güter geschehen sein und das Kainsmal als Pardon gewertet werden, daß die israelitischen Eroberer ihrem Brudervolk gewährten. Andererseits umschreibt die Geschichte von Kain und Abel auch Rachegelüste als einen uns eigenen archetypischen Wesenszug. Schließlich ist Kain der erstgeborene Mensch. Und so vermittelt uns diese Urzeiterzählung gleichermaßen auch, daß das Verlangen nach Rache durch und durch menschlich ist.

Da Rache jedoch ganz und gar anarchistische Züge in sich birgt, wird sie durch die Zeiten hindurch mehr und mehr beschränkt beziehungsweise verfemt. Infolgedessen spricht Gott zu seinem Volk: *„Die Rache ist mein; ich will vergelten."* (5. Mose 32,35). Freilich darf der solchermaßen Rache einfordernde Gott nicht als ein rächender Gott im eigentlichen Wortsinn verstanden werden. Denn das Alte Testament kennt keinen Begriff, der unserem Verständnis von Rache entspricht. Vielmehr entspricht das aus der Bibel in unsere Sprache mit Rache übertragene hebräische Wort „nkm" seinem Inhalt nach eher den Begriffen „Strafe" und „Gericht". Demnach setzt der biblische Gott die Gültigkeit seines Gesetzes und seines Strafanspruchs über die individuelle Vergeltung, wie dies auch im 94. Psalm, dem Gebet gegen die Unterdrücker des Volks Gottes, beispielhaft formuliert wird. Daß Gott dabei in der Fürchterlichkeit seines Strafgerichts durchaus rächende Züge zeigt, ist nur mit der seinerzeitigen archaischen Auffassung von Strafe zu begründen. Strafe ist diesem Verständnis nach nicht Maßregelung, sondern vergeltende und abschreckende Widertat. So verkündet der biblische Gott etwa seine Strafe an den Ägyptern durch seinen Propheten Jeremia:

„Denn dies ist der Tag des Herrn, des Herrn Zebaoth, ein Tag der Rache, daß er sich an seinen Feinden räche, da das Schwert fressen und von ihrem Blut voll und trunken werden wird. Denn sie müssen dem Herrn, dem Herrn Zebaoth, ein Schlachtopfer werden ..." (Jer. 46,10)

Daß ein so mächtiger Gott, der seine Feinde in derart fürchterlicher Weise heimsuchte, von Gläubigen auch als Vollstrecker der eigenen Rache angerufen wurde, versteht sich beinahe von selbst. Der 109. Psalm ist als eins der ältesten auf uns gekommenen Rachegebete für viele weitere uns erhaltenen Rachegebete exemplarisch. Er ist in seinen dichten Verwünschungen von solcher Gewalt, daß er manchen Exegeten gar als ein überkommenes Relikt schwarzmagischer Vorstellungen gilt; dementsprechend wurde dieser

Psalm auch in manchen Bibelübersetzungen weggelassen. In alten Handbüchern zur weißen Magie wird der 109. Psalm quasi als Ultima ratio gegen seine Widersacher empfohlen. Ähnlich archaische Rachegebete sind uns vor allem aus der Zeit um die Zeitenwende erhalten. In der Hauptsache wurden sie, auf Papyri geschrieben, Toten in die Hände gelegt, die sich damit über das Grab hinaus an ihren Peinigern rächen wollten.

Gelegentlich wurde das Rachegebet auch auf dem Grabstein wiederholt, wobei die öffentliche Rachebekundung häufig etwas milder formuliert wurde. Die von dem Fluch Betroffenen konnten sich freilich vorstellen, welch schauerliche Verwünschung die tote Seele mit sich trug. Und waren sie nicht zur nachträglichen Sühne bereit, dürften sie darauf nur schwerlich ihren Seelenfrieden bewahrt haben.

Dem alttestamentarischen Wortsinn von Rache ähnlich ist auch die ursprüngliche Bedeutung der Rache in unserer Sprache. Das althochdeutsche Wort für Rache „råhha" fußt auf dem gotischen Wort „vraka", das seine Wurzel im altindischem „vrg" hat. Dahinter verbirgt sich ein alter germanischer Rechtsbegriff. Missetäter, die den Landfrieden brachen, wurden danach ihres Landrechts verlustig und – vergleichbar mit dem biblischen Kain – aus der Gemeinschaft vertrieben. Schlimmstenfalls wurden sie für vogelfrei erklärt (goth. „vargs").

Das Recht, Erlittenes zu rächen, wurde so allmählich dem einzelnen aus der Hand genommen und in die Hände der Mächtigen gelegt. Es lag folglich bei den Fürsten und Priestern, in „gottgefälliger" Weise Rache zu üben, zu richten und zu strafen. Und da sie auch die Normen setzten, nach denen gerichtet wurde, mußte ihnen die individuelle Vergeltung ein Dorn im Auge sein. Gleichwohl gab es neben den herrschaftlichen Gerichten bis zu Beginn der Neuzeit ein gemeines Recht der unteren Stände, in dem Ausgleich und Rache Hand in Hand gingen. So konnte etwa ein

Totschlag durch Sühneleistungen aus der Welt geschafft werden, Vergeltung war aber ebenso durch Blutrache möglich. Solange dieses Recht der Gemeinen jedoch die herrschaftlichen Kreise nicht berührte, sah man darüber hinweg. Erst mit der zunehmenden gesellschaftlichen Verflechtung wurden diese Rechtsbräuche allgemein geächtet. Rache wandelte sich endgültig zu einer niederträchtigen, von feiger Leidenschaft geprägten Gesinnung. Dementsprechend meinte etwa Schiller: *„Rache, zum Beispiel, ist unstreitig ein unedler und selbst niedriger Affekt"*; und der Volksmund brachte diese veränderte Auffassung auf den Punkt, indem er schloß:

„Rache macht ein kleines Recht zu großem Unrecht!"

Das Recht zu rächen war somit nicht mehr ausschließlich das Recht des Herrn, sondern wandelte sich zu einem Recht der Herren. Wohl aus diesem Grunde sind uns kaum Rachetaten historischer Männer in Erinnerung. Zwar durchwirkt auch ihr Handeln beständig das Motiv der Rache, doch wird sie als solche nur selten benannt. Statt dessen werden uns männliche Rachetaten als „Vergeltung" überliefert. Ein Wort in dem sich ursprünglich Ausgleich und Wert, also Gesetz und Strafe, vereinigten.

So hat sich, um ein Beispiel zu nennen, Karl der Große an den unbotmäßigen Sachsen nicht gerächt, sondern nur versucht, sie zur „Räson" zu bringen, als er 4500 sächsiche Geiseln bei Verden an der Aller abschlachten ließ, so daß sich der Fluß von ihrem Blut rot verfärbte. Und ebenso gilt der Abwurf zweier Atombomben auf Geheiß von Harry S. Truman über Japan entgegen der historischen Wahrheit im öffentlichen Bewußtsein als friedenserzwingender Akt und nicht als ein grausames Experiment der Rachsucht.

Hingegen kennt die Geschichte rächende Frauen im Übermaß. Folglich haftet der Rache auch etwas Weibisches, Niederträchtiges an. Weshalb sich auch Männer im Gegensatz zu Frauen, nur äußerst selten zu ihrer Rachsucht bekennen. Rache ist in ihrem Verständnis ein Instrument der Gemeinen und Ohnmächtigen. Die Vergeltung der Ohnmächtigen kann aber ihrer Natur nach nur heimtückisch und hinterhältig sein. Und so mag in der überlieferten Erinnerung von rächenden Frauen auch eine männliche Urangst vor der Frau mitschwingen. Es ist die Angst vor der Mondin, der urweiblichen Göttin, die einst als Fruchtbringerin und Zerstörerin, in der Gestalt der Frau Holle, Segen und Fluch über das Land brachte. Sie ist die sich ewig Widersetzende, die unfaßbar Wandelbare, die biblische Lilith, deren anarchischer Geist dem männlichen Gesetz widerspricht.

Eine gewaltige Rächerin, deren Heftigkeit und Heimtücke die Phantasie der Dichter und Sänger bis heute fasziniert, ist die Gestalt der Medea; so haben beispielsweise jüngst Christa Wolf in einem Roman und Rolf Liebermann in einer Oper das Thema der Medea bearbeitet. Von den vielen heimtückischen Bluttaten der Medea gilt vor allem ihre Rache an ihrem Gemahl Jason als besonders ruchbar.

Medea war die Tochter Aiëtes, des Königs von Kolchis. Als Mädchen wurde sie zur Priesterin der Hekate, der Unterweltsgöttin, geweiht und zur Zauberin ausgebildet. Sie verhalf den Argonauten unter der Führung von Jason zum Goldenen Vlies, wurde dessen Gemahlin und gebar ihm zwei Söhne. Nach der Ermordung von Jasons Halbbruder Pelias, der Jason den Thron von Iolkos verweigerte, fanden beide Asyl in Korinth. Den Korinthern war aber die barbarische Zauberin unheimlich. Kreon, der König von Korinth, drängte Jason zur Scheidung von ihr und bot ihm dafür die Hand seiner Tochter Glauke an. Jason nahm dieses Angebot an, denn durch die Heirat wären seine Söhne, die nach griechischem Recht ebenso wie Medea als Barbaren angesehen wurden, legitim geworden. Er verstieß Medea, die sich dem Schein nach seinem Willen unterwarf. Als Zeichen ihrer Unterordnung schickte sie ihren Sohn mit einem

Hochzeitsgewand für Glauke in den königlichen Palast. Allerdings war das Kleid von ihr in teuflischer List verzaubert worden. Als Glauke das atemberaubend schöne Gewand voller Freude anlegte, ging es in Flammen auf. Ihr Vater, der ihr zu Hilfe eilen wollte, verbrannte gemeinsam mit ihr. Doch damit nicht genug, um Jason zu strafen, ermordete Medea ihre beiden Söhne und nahm deren Leichen mit auf die Flucht, so daß Jason seine toten Kinder nicht einmal beerdigen konnte. Jason starb kurz darauf aus Trauer um seine Söhne und ob der erlittenen Schmach.

Von noch schrecklicherer Gewalt ist die uns überlieferte Rache Kriemhilds aus der Nibelungensage. Sie war die Gemahlin Siegfrieds, der von Hagen beim Trunk aus der Quelle rücklings ermordet wurde. Über den Leichnam ihres Mannes gebeugt, schrie Kriemhild sich zunächst ihre ganze Trauer und ihren Zorn über die ruchlose Tat und ihre ungezügelte Rachewut aus ihrem Herzen und von der Seele. Es ist zunächst ein gellender Schrei der Ohnmacht. Und da einem derlei ohnmächtigen Zeugnis häufig keine Widertat folgt, sondern mit dem verhallenden Schrei auch der Rachewille erlahmt, sei hier zitiert, wie Jürgen Lodemann diese Szene in seinem Roman „Der Mord" beschreibt. Schließlich ist sein Bild auch exemplarisch für so manchen vergeblichen Klageschrei, mit dem ein Mutloser seine Rachewut erstickt:

„Von Kriemhilds jämmerlichen, von ihrem unglaublichen Schreien, von ihren Schmerzensschreien und Wahnsinnsschreien und Racheschreien ertosten von nun an die Mauern. Schrie über die Maßen. Schrie über die mondlosen Nachtstunden hindurch bis in den hellen Tag. Schrie solange, bis am Mittag ihre Stimme so zerstört war, daß nur schwarzsaures Grollen, nur noch hustendes bellendes Grollen durch die Pfalzgänge kroch.

*Da gab es niemanden und nichts, was sie hätte daran
hindern können zu schreien. Was sie hätte ablenken und
stillen oder gar trösten können. Nicht einmal Ute gelang
das Beruhigen, auch nicht mir und nicht Wunnibald. Uns
alle stieß sie weg. Mit Schreien. Mit diesem untröstlichen,
ganz und gar hemmungslosen, zornglühenden, hochlodern-
den und niederstürzenden und im Irrsinn berstenden Frau-
enschreien."*

Indes beließ es Kriemhild nicht bei ihrem entsetzlichen Klageschrei. Vielmehr schmiedete sie einen langfristigen Racheplan. Sie heiratet Etzel und zieht mit ihm nach Ungarn.
Nach Jahren lädt sie die Nibelungen an ihren Hof. Und
obwohl gewarnt, kommen sie alle. Trauten sie der Frau die
späte Rache nicht zu? Einerlei, für Kriemhild schlägt die
Stunde der Rache. In einem beispiellosen Gemetzel, das als
die unglaublichste Saalschlacht in die Geschichte einging,
werden die Nibelungen im Festsaal getötet. Auch Kriemhild
führt das Schwert, Siegfrieds Schwert. Sie erschlägt damit
Hagen, den Mörder ihres ersten Mannes, ehe sie durch einen Streich Hildebrands ihr Leben aushaucht.

Während der Bericht von Medeas Rache aus grauer an-
tiker Vorzeit stammt und Kriemhilds Rache sich gegen Ende des fünften Jahrhunderts im ungarischen Esztergom ab-
spielte, wurden wir in unserer Zeit zu Zeugen einer nicht
minder leidenschaftlichen Rächerin. Es ist die Geschichte
der Phoolan Devi.

Göttin der Blumen bedeutet ihr Namen, doch ihr Leben
trug wenig von dem Glück, das ihr mit diesem Namen ver-
heißen werden sollte. Sie ist eins von sechs Kindern einer
armen Bauernfamilie aus Uttar Pradesh. Ein rückständiger
Landstrich und indisches Bundesland, in dem die Räuberei
eins von vielen anderen Handwerken ist. 1957 wird sie in
diese armselige Welt hineingeboren. Für eine Kuh, ein Fahrrad und 100 Rupien wird Phoolan Devi mit elf Jahren als

Kindsbraut verkauft. Ihr Mann mißhandelt sie. Schließlich wird sie von einer Räuberbande entführt. Neue Demütigungen folgen, bis sie in dem Bandenchef Vikram Mallah einen Mann findet, der sie achtet. Doch er gerät in einen Hinterhalt und wird von Thakurs, feudalen Landbesitzern, aus dem Dorf Behmai erschossen. Phoolan Devi wird gefangen und von den Thakurs über Wochen hinweg vergewaltigt und schließlich unter dem Gejohle ihrer Peiniger nackt aus dem Dorf getrieben. Bei der Göttin Kali, der Göttin der Rache, schwört Phoolan Devi, sich für die erlittene Schändung zu rächen. Sie gründet ihre eigene Bande. Mit ihr fällt sie eines Nachts in Behmai ein, treibt zwei Dutzend Thakurs zusammen und läßt sie an die Wand stellen. Bis auf zwei sterben alle ihre Vergewaltiger auf der Stelle im Kugelhagel. Die Polizei jagt sie darauf im ganzen Land, kann sie aber nicht fassen.

Ein Jahr später ergibt sich Phoolan Devi nach längeren, von der gesamten Weltpresse beobachteten Verhandlungen. Elf Jahre Gefängnis folgen. Wieder frei, ist sie eine lebende Legende.

Phoolan Devi hat nichts anderes getan, was ein Mann, wäre er nur entschlossen genug, auch gemacht hätte. Und doch weckt ihre Geschichte, wie die Geschichten anderer rächender Frauen, zwiespältige Gefühle beim Betrachter. Er akzeptiert weitestgehend die Widertat, ist von ihrer Tapferkeit beeindruckt. Andererseits schrecken ihn ihr unverbrämtes Bekenntnis zur Rache und die rasende Wut, mit der diese Frauen ihre Feinde verfolgen. Ihre ungezügelte Leidenschaft, der Auswuchs verletzter Gefühle, konfrontiert uns mit einem unfaßbaren, in seiner Wucht beängstigenden Phänomen. Es erscheint uns als Ausfluß einer sich über alle Vernunft hinwegsetzenden Urgewalt, die sich aus tiefsten, dunklen Seelengründen speist. Es ist die blanke Rache; von keiner rationalen Determination umgrenzt und ummäntelt bricht sie sich Bahn. Nur der flammende Schmerz, nur der inbrünstige Schrei nach Vergeltung wiegt, nur er bestimmt das Maß des Handelns. Die dergestalte pure Rache ist es, die uns erschreckt, die uns zurückweichen und Abstand nehmen läßt. Und so verneinen wir, was wir andererseits bejahen wollen, und zeihen dieserart wütende Rache als Untat.

Und indem wir Frevel nennen, was uns insgeheim dennoch dünkt, beugen wir uns vor den Herrschaften, die da sprechen, die Rache ist mein. Ihre Vergeltung aber ist uns nicht immer Seelentrost. Nicht daß ihre Art zu strafen uns zu milde wäre, bei manchem zugefügten Leid würden wir vor ihnen noch Pardon gewähren. Nein, was unsere Seele wirklich trösten könnte, wäre letztlich nur der selbstgeführte Streich. Hier aber scheuen wir erneut zurück. Wollten wir Gleiches mit Gleichem vergelten, würden wir uns da nicht auf eine Stufe mit unserem Peiniger stellen? – Gewiß, wir würden es, auf eine unbestimmte Weise.

Doch Hand aufs Herz, wer will es schon so blutig wie einst Medea, Kriemhild oder letztlich Phoolan Devi? Nein, wir wollen unserem Feind zwar Schmerz bereiten, doch an ihm schuldig werden wollen wir nicht. Wäre doch unsere Schuld ihm wiederum Genugtuung und Gefallen; und dieserart Gefallen wollen wir ihm keineswegs gewähren. Also lassen wir unseren Feind des Nachts, bevor wir einschlafen, statt daß wir Schäfchen zählen, einige ungezählte Male in Gedanken über die Klinge springen.

Allein solches Phantasieren wirkt bereits wie Balsam für die Seele und läßt die geschlagenen Wunden heilen. Und was danach an Schmerz verbleibt, mögen wir unserem Feind vergelten. Wiegt es doch gegen seine Tat nur als ein Lot. In diesem Sinne aber sich gerächt zu haben, muß sich fürwahr niemand verstecken!

Dahingehend sind auch die nachfolgenden Seiten aufzufassen. Sie sollen der gekränkten Seele Balsam spenden, frei nach dem Wahlspruch vieler Racheseliger „Wenn ich wollte, wie ich könnte ...". Und einzig dort, wo der Schmerz nur durch eine Widertat Betäubung findet, mag man wortwörtlich lesen. Dann aber mag man auch beherzigen, was der Feind außer acht ließ, und sich nicht erwischen lassen, denn die süße Frucht der Rache schmeckt nur im Verborgenen.

Das große 1x1 der Rache

Sich zu rächen bedeutet kein blindwütiges Dreinschlagen. Wer dazu neigt, „aus dem Anzug zu steigen", sollte dabei bleiben und seine Zeit nicht mit Racheplänen vergeuden. Versucht er es dennoch, wird er sich selbst zum Narren machen und ein leichtes Opfer für seine Feinde werden. Rache verträgt nämlich keine Aufgeregtheiten und keine cholerische Wesensart. Ausgeübte Rache sollte daher ein bedachter Akt kühler Vernunft sein. Nur wer seine Widertat zu planen versteht und sie besonnen angeht, wird den Gegenschlag vermeiden und seine Rache genießen können. Schließlich ist das eigene Ergötzen an seiner Rachetat der eigentliche Zweck des Rächens. Der geführte Streich ist dagegen nur Notwendigkeit. Die reine Freude über die gelungene Widertat aber ist es, die unserer rachedürstenden Seele die ersehnte Labsal bietet. – Damit dem ungetrübten Genuß Ihrer Rache auch nichts im Wege steht, sollten Sie sich daher an folgende Regeln halten:

1. Lassen Sie sich Zeit

Rache braucht ihre Zeit. Ein schneller Gegenschlag läßt Ihr Opfer meist erahnen, aus welcher Richtung der Streich geführt wird. Außerdem besteht die Gefahr, daß Ihr Racheakt seine Wirkung verfehlt, da Ihr Gegner wohlweislich vor Ihnen auf der Hut ist. Zudem hilft Ihnen ein gewisser Abstand, nicht überzureagieren, sondern wohl dosiert zu kontern.

2. Vermeiden Sie spontane Aktionen

Nur selten ist der erste Einfall auch der beste. Prüfen Sie daher, bevor Sie zur Tat schreiten, ob Sie auch vor unliebsamer Entdeckung gefeit sind. Ihr Feind würde sich ansonsten nicht die Gelegenheit entgehen lassen, Sie an den Pranger zu stellen; kann er sich doch durch Ihr Verfehlen vor sich selbst und in den Augen anderer reinwaschen.

3. Bewahren Sie sich einen kühlen Kopf

Wer sich von blinder Wut lenken läßt, setzt sich, wie die Erfahrung zeigt, meist erkennbar ins Unrecht. Warten Sie daher ab, bis der erste Groll verklungen ist. Sobald sich der erste Sturm gelegt und sich Ihr Blick geklärt hat, werden Sie auch in der Lage sein, entsprechend umsichtig zu handeln.

4. Bleiben Sie im Hinterhalt

Rache ist kein ritterlicher Zweikampf, sondern ihrer Natur nach hinterhältig. Wäre es anders, würden Sie den offenen Streit wagen und sich nicht rächen wollen. Agieren Sie daher aus dem Hintergrund. Versetzen Sie sich in die Rolle des Puppenspielers, der die Fäden zieht, während auf der Bühne vor aller Augen das Drama seinen Lauf nimmt.

5. Enttäuschen Sie die Erwartung des Feindes

Weiß Ihr Feind Sie einzuschätzen, dürfen Sie keinesfalls seinen Erwartungen entsprechen. Das Naheliegende entpuppt sich von daher meistens als das Verkehrte, durch daß Sie Ihren Gegner nur auf Ihre Fährte lenken. Nehmen Sie ihn daher von einer Seite, die er von Ihnen nicht erwartet hat, und Ihr Hieb wird ihn doppelt schmerzen.

6. Schwingen Sie nicht gleich die große Keule

Rache braucht auch ihre Zeit, um sich zu entfalten und Ihren Schmerz zu läutern. Beginnen Sie gleich mit großem Geschütz auf Ihren Feind zu zielen, bleibt Ihnen nichts, um nachzusetzen. Entsprechend wirken schwache Folgetaten schal. Sie genügen weder Ihnen noch Ihrem Feind. Andererseits besteht die Gefahr, daß Sie sich unbotmäßig steigern, wodurch Sie sich ins Unrecht setzen und Ihrem Gegner den moralischen Sieg in die Hand spielen.

7. Ziehen Sie die Schraube ganz allmählich an

Bereiten Sie Ihren Feind allmählich auf das Finale vor. Beginnen Sie mit kleinen harmlosen Gemeinheiten, und steigern Sie sich in kleinen Schritten. So bleiben Sie stets Herr Ihrer Rache. Zudem lassen Sie Ihren Feind wissen, daß er noch mehr zu erwarten hat. So bereiten Sie ihn langsam auf den ihm zugedachten großen Schlag vor, den Sie ihm bis zum krönenden Abschluß vorbehalten haben. Seine angespannte Furcht vor diesem Finale aber ist die Creme zur Süße Ihrer Rache.

8. Vergessen Sie die Pausen nicht

Legen Sie von Mal zu Mal eine Pause ein. Schließlich soll sich Ihr Feind nicht an den Schmerz gewöhnen, dem Sie ihm zudenken. In den scheinbaren Friedenszeiten darf er sich erholen, bis ihn der Hammer Ihrer Rache aus seiner Hoffnung reißt, der Albtraum könnte für ihn ein Ende haben. Zudem wirken nach einer Unterbrechung auch die niederen Dosen Ihrer Rache wieder quälend frisch.

9. Nutzen Sie die Gunst der Stunde

Gelegenheit macht Rächer. Deshalb sollten Sie auch die Gunst der Stunde nutzen, um Ihrem Feind einen Hieb zu versetzen. Geben Sie daher kurzfristig sich bietende Vorteile nicht aus der Hand. In diesem Sinne sollten Sie einen bereits geschmiedeten Racheplan auch nur als Leitfaden begreifen. Gleichwohl gilt unbestritten, spontane Aktionen erst zu bedenken, bevor Sie zur Tat schreiten.

10. Ziehen Sie möglichst keine Unbeteiligten in Ihre Fehde mit hinein

Viele Rachetaten sind ohne das Mitwirken Außenstehender nicht möglich. Das Einbeziehen Unbeteiligter kann jedoch zu unliebsamen Verbrüderungen führen, die sich gegen Sie richten. Achten Sie daher darauf, daß Sie einen möglichen Schaden Unbeteiligter denkbar gering halten. Schließlich soll Ihr Feind und kein Fremder leiden.

11. Bleiben Sie hartnäckig

Geben Sie nicht so schnell auf, falls der eine oder andere Streich gegen Ihren Widersacher nicht klappt. Solche Rückschläge gehören zum Geschäft eines Rächers. Wiederholen Sie Ihren Angriff oder überlegen Sie sich eine neue Finte.

12. Gewähren Sie kein Pardon

Vergessen Sie nicht, auch Ihr Feind sprang nicht glimpflich mit Ihnen um. Mitleid Ihrerseits ist daher nicht angebracht. Setzen Sie statt dessen noch eins drauf, damit Sie schmekken, wie süß Rache sein kann.

13. Seien Sie schamlos

Sich zu rächen ist keine Einladung zum Kaffeekränzchen. Überschreiten Sie deshalb bewußt Grenzen, die Sie ansonsten respektieren. Nur dann erhält Ihre Rache jene Zügellosigkeit, die sie für Ihren Feind so fürchterlich macht. Bewahren Sie sich gleichwohl einen gewissen Stil, schließlich ist Schamlosigkeit nicht gleichbedeutend mit Gewöhnlichkeit oder Vulgarität.

14. Wahre Feindschaft soll nicht wanken

Zweifel an der Feindschaft sind der Rache Tod. Hüten Sie sich daher vor dem Vergessen, dem Abmindern und dem Verständnis der Feindestat, solange Sie sich wirklich rächen wollen. Bleiben Sie dagegen empört! Führen Sie sich die Gemeinheit Ihres Gegners immer wieder vor Augen, und verzeihen Sie ihm nichts.

15. Ein Rächer handelt und schweigt

Rachetaten gelten gemeinhin nicht als Heldentaten. Setzen Sie daher nicht auf das Verständnis Ihrer Umgebung. Überlegen Sie es sich daher dreimal, mit wem Sie über Ihre Streiche plaudern; schließlich könnte Ihr jetziger Vertrauter Ihr nächster Feind werden.

16. Lernen Sie Ihren Feind kennen

Je mehr Sie über Ihren Feind wissen, desto wirksamer können Sie ihm schaden. Sammeln Sie daher alle Informationen über ihn, die Ihnen zugänglich sind. Beachten Sie hierzu auch die „Checkliste für Feinde" auf den nächsten Seiten.

17. Denken Sie so wie Ihr Feind

Versuchen Sie bei Ihrer Racheplanung, die Gedanken Ihres Feindes nachzuvollziehen. Hierdurch können Sie seine verwundbarsten Stellen sehr leicht entdecken und gleichzeitig überflüssige Fehler vermeiden, die ihn auf Ihre Spur bringen könnten.

18. Bewahren Sie sich Ihren Humor

Ihre Rache soll Ihnen Freude bereiten. Gehen Sie daher nicht verbiestert ans Werk, ansonsten bliebe Ihre Rache eine trübe Nummer. Haben Sie Spaß daran, Ihrem Gegner nachzustellen, und bekennen Sie sich ehrlichen Herzens dazu. Entsprechend kreativ und sinister werden Ihre Widertaten, und um so eher finden Sie Ihren Seelenfrieden wieder.

19. Auch Rache hat ein Ende

Rache ist kein Selbstzweck. Deshalb sollten Sie mit Ihrem Racheplan Grenzen und Finale bestimmen, das heißt, Sie sollten sich klar darüber sein, wie weit Sie gehen wollen.

Diese selbst gesetzte Grenze sollten Sie keinesfalls überschreiten. So vermeiden Sie, der Maßlosigkeit der Rachsucht zu verfallen, die wie jeder exzessive Wesenszug auf der anderen Seite auch eine entsprechende Verarmung mit sich bringt.

Checkliste für Feinde

Auch Rache unterliegt einer gewissen Ökonomie. Aufwand und gegnerischer Schaden sollten in einem günstigen Verhältnis zueinander stehen. Um aber seinen Feind mit wenigen wohl gezielten Schlägen in die Knie zu zwingen, gilt es, seine Schwachpunkte zu kennen. Nur so bewahren Sie sich davor, sich in fruchtlosen, wenig wirksamen Angriffen zu zermürben. Zudem vermindern Sie das von Akt zu Akt zunehmende Risiko einer Entdeckung. Machen Sie sich daher, bevor Sie Ihren Racheplan schmieden, ein möglichst umfangreiches Bild von Ihrem Feind. Besinnen Sie sich auf alle Informationen, die Sie von ihm haben, und erstellen Sie ein schriftliches „Persönlichkeitsprofil". Nachstehende Checkliste soll Ihnen dabei helfen, Ihren Feind aufs beste kennenzulernen. Sie mag Ihnen ein wenig wie ein Ratgeber für James Bonds im Westentaschenformat anmuten, andererseits sollten Sie nicht vergessen, daß Rache für gewöhnlich auch ein ähnlich konspiratives Geschäft ist.

- Sammeln Sie die persönlichen Daten Ihres Feindes, Sie können ihn dann zur rechten Zeit mit einem bösen Einfall beglücken. Achten Sie insbesondere auf folgende Daten:
  - Anschrift, Haupt- und Nebenwohnsitz,
  - Telefon-, Fax- und Mobilfunknummer, privat und geschäftlich,
  - Geburtstag,
  - Geburtsort,
  - Hochzeitstag,
  - besondere Jubiläen.

- Verschaffen Sie sich ein Bild von seinem persönlichen und familiären Umfeld. Zeichnen Sie sich in einem „Stammbaum" auf, mit wem Ihr Feind in welcher Weise verwandt ist; wer seine engsten Freunde und wer seine ferneren Bekannten sind und mit wem er formellen Umgang pflegt. Auch wenn Sie noch nicht wissen, wen aus diesem illustren Kreis Sie indirekt für Ihre Rache einspannen werden, im Fall des Falles sind Sie der große Puppenspieler.

- Machen Sie sich mit der privaten Örtlichkeit Ihres Feindes vertraut. Zeichnen Sie sich einen Lageplan von seiner Wohnsituation. Halten Sie fest, wer seine Nachbarn sind und wo welche Geschäfte liegen. Mit Hilfe eines solchen Planes können Sie insbesondere bei einer notwendigen Mitwirkung Dritter Glaubwürdigkeit vortäuschen. Lebt Ihr Feind an einem anderen Ort als Sie, beschaffen Sie sich ein entsprechendes Telefonbuch – vor allem das Branchenbuch kann sehr hilfreich sein – und einen aktuellen Stadtplan.

- Studieren Sie das Verhalten Ihres Feindes. Was ißt er am liebsten, welchen Sport betreibt er, welche kulturellen Interessen pflegt er, wo kauft er gerne ein, welche Fernsehsendung schätzt er, welche Ärzte konsultiert er, wann geht er schlafen, wann steht er auf, welche Typen Mensch gefallen ihm am besten? Das Gewöhnliche, ganz Alltägliche bietet oft die besten Gelegenheiten, um den Feind mit einem kleinen Hieb aus der Fassung zu bringen. So müssen Sie ihn beispielsweise nur während seiner Lieblingsfernsehsendung öfter anrufen.

- Kundschaften Sie die heimlichen Schwächen Ihres Feindes aus. Hat er eine schlüpfrige Vorliebe, neigt er dazu zu spielen oder spricht er gerne dem Alkohol zu? Raucht er hin und wieder einen Joint oder kitzelt es ihn, Geschwindigkeitsgrenzen zu überschreiten? Mag er vielleicht Popcorn mit Senf oder hat er nie die Schule besucht, mit der er angibt? Die heimliche Schwäche des Gegners mag nicht immer auch eine Angriffsfläche bieten, sie kann sich aber im richtigen Moment als ein Joker erweisen. Jedenfalls sind sie oft für boshafte Seitenstiche und Anspielungen gut.

- Finden Sie die besonderen Vorlieben Ihres Feindes heraus. Wohin fährt er beispielsweise am liebsten in Urlaub oder welche Orte auf der Welt schätzt er besonders; was ist seine Lieblingsspeise, welche Musik bevorzugt er, wo geht er gerne Essen, welchem Hobby frönt er, welche Personen sind seine Vorbilder oder welcher Partei gibt er seine Stimme? Mit diesem und ähnlichem Wissen können Sie Ihren Gegner oft ebenso leicht aufs Glatteis locken, wie seinen Geschmackssinn beleidigen oder ihn gezielt in Wallung bringen.
- Erkunden Sie, was Ihr Feind ganz und gar nicht mag, wovor er sich fürchtet und was er meidet. Welche Musik ist ihm ein Graus, wen kann er um alles auf der Welt nicht ausstehen, welches Tierchen bringt ihn zum Zittern, welche Speise verursacht bei ihm Brechreiz, welche Beschäftigung tötet ihm den letzten Nerv, welche Themen regen seinen Gallenfluß an und ähnliche unüberwindbare Abneigungen mehr. Sammeln Sie sie, und Sie wissen, mit was Sie Ihren Feind konfrontieren dürfen, damit er so richtig seine Fassung verliert.

Auge in Auge mit dem Feind

Die großartigsten Rachepläne lassen sich am leichtesten schmieden, solange der persönliche Widersacher, dem wir eine Lektion erteilen möchten, uns aufgrund räumlicher Trennung möglichst nicht in die Quere kommen kann. Dann nämlich können wir den ausgemachten Schurken in unserer Phantasie mit grausamer Wollust mal eben tausend Tode erleiden lassen oder ihm hundert kleine Teufel auf den Pelz hetzen. Beflügelt von solchen Gedanken, schwellt unsere Brust, und wir verwandeln uns zu Zoro, dem unbezwingbaren, fintenreichen Rächer. Doch wie anders sieht es aus, sobald wir unserem Feind tagtäglich auf der Treppe begegnen oder im Laden an der Ecke gegenübertreten müssen? Oder noch schlimmer, stellen wir uns nur vor, unser Erzfeind säße uns tagtäglich in der Arbeit am Schreibtisch gegenüber oder stände neben uns an der Werkbank? – Hand aufs Herz, den meisten unter uns würde das selbige ganz schnell in die Hose rutschen, und der Traum vom großen Rächer würde platzen wie eine Seifenblase. Kleinmütig müßten wir unseren Groll in uns vergraben, wo er auf unsere Seele drückt, oder, hinuntergeschluckt, uns den Appetit verdirbt. Doch bevor wir daran schwermütig werden oder uns ein Magengeschwür einhandeln, sollten wir zum Gegenangriff ansetzen und den erlittenen Schmerz der Unbill mit dem heilsamen Balsam der Rache lindern. Dabei gilt, was für jeden guten Racheplan gilt:

Rache braucht seine Zeit!

Lassen Sie es daher langsam angehen; nur so bewahren Sie sich einen kühlen Kopf. Spontan ausgelebte Rachegelüste führen meist zu Unbedachtheiten, durch die Sie sich nur erkennbar ins Unrecht setzen und zum Schaden auch noch den Spott des Gegners ernten müssen. Gehen Sie bedacht vor, behalten Sie den Überblick, und bleiben Sie Herr der Situation. Nur so können Sie die günstigen Gelegenheiten erkennen, zu denen Ihr Rachepfeil Ihrem Feind auch eine schmerzhafte Wunde zufügt. Doch das wichtigste ist, sich in der direkten Konfrontation keine Blöße zu geben. Klappen Sie daher Ihr Visier herunter, und lassen Sie sich Ihren Groll nicht mehr anmerken. Erst dann sind Sie für die geplante Vergeltung auch richtig gerüstet.

Können Sie also einem Widerling, der Ihnen Schaden zugefügt hat und der Ihre Rache verdient, nicht ausweichen,

> Hochmut bringt den Feind zu Fall

da Sie auf längere Sicht mit ihm zu tun haben werden, dürfen Sie ihm über den Tag hinaus keinesfalls auch nur die leiseste Ahnung vermitteln, daß er Sie mit seiner Bosheit zutiefst getroffen hat. Signalisieren Sie daher Ihrem Widersacher nicht um alles in der Welt, daß seine Anwesenheit Ihnen womöglich unangenehm sein könnte, und hüten Sie sich vor jedem Anflug von Unsicherheit oder gar Unterwürfigkeit.

Wenn wir mit offenen Augen durchs Leben gehen, können wir das normale Verhaltensmuster, wie sich zwei Kampfhähne nach einem Streit begegnen, immer wieder beobachten. Mit schwalbigem Blick schauen sie aneinander vorbei, und sollten sich ihre Augen dennoch einmal begegnen, blicken sie ganz schnell wieder in eine andere Richtung. Und falls es die Gegebenheit erfordert, daß man noch weiter im Gespräch bleiben muß, so klingen die Stimmen brüchig, und man beschränkt sich auf knappe Mitteilungen.

Dieses normale Verhalten ist freilich grundverkehrt, wenn Sie die Revanche wollen. Denn durch ein solches Verhalten erkennen Sie den Status quo an und geben durch Ihre

Körpersprache zu erkennen, daß Sie bereit sind, die erlittene Schmach hinzunehmen. Schauen Sie also nicht mit unsicherem Blick irgendwo an Ihrem Gegner vorbei, als wäre das Tapetenmuster im Hintergrund eine kreative Offenbarung, sondern blicken Sie Ihrem Feind offen in die Augen. Vergessen Sie dabei allerdings die einfältigen Tricks, die man zum Thema Blickkontakt in Verkaufs- und Rhetorikschulungen zum besten gibt. Beispielsweise wird dort empfohlen, seinem Gegenüber auf die Nasenwurzel statt in die Augen zu sehen oder gewissermaßen aus dem Schädelhintergrund heraus zu blicken, wodurch man den „Blickkontakt" besser halten könne. Nun, im ersten Fall wird Ihr Blick so scheel wie der eines Fernsehmoderators, der vom Teleprompter abliest, und im anderen Fall wirkt Ihr Blick so stumpf wie der einer widerkäuenden Kuh. In beiden Fällen werden Sie Ihren Gegenspieler also nicht sehr beeindrucken können. Die richtige Methode, mit der Sie Überlegenheit signalisieren und somit zu verstehen geben, daß der häßliche Vorfall an Ihnen glatt vorbei gegangen ist, funktioniert so:

Kinn hoch, Rücken durchdrücken, Schultern entspannen und mit klarem Blick dem Gegner in die Pupille schauen.

Das erste Gefühl der Genugtuung wird darauf Ihre verletzte Seele trösten. Denn für gewöhnlich wird Ihr Gegenüber Ihrem Blick ausweichen, und Sie haben die erste Runde für sich gewonnen. Das wichtigste an diesem taktischen Manöver ist, daß Sie Ihre Schultern entspannt halten. Senken Sie Ihre Schulterpartie also ganz bewußt! Halten Sie aber dennoch Ihren Rücken gerade. Hierdurch wirkt Ihr Blick ganz von alleine entsprechend gelassen. Vermeiden Sie es auch, irgendwelche Schärfe in Ihren Blick zu legen, Sie würden ansonsten nur eine aggressive Reaktion auf der Gegenseite auslösen und dadurch Ihre Überlegenheit verspielen. Nur durch Ihr unangemessenes Verhalten, sprich Ihren sanften

„ehrlichen" Blick, können Sie Ihren Feind zum Kotau zwingen.

Doch was tun, wenn auch Ihr Gegner die Lektion des offenen Blicks beherrscht? Nun, dann senden Sie ihm ein herzliches Lächeln. Freilich sollte es Ihnen auch auf Anhieb gelingen und nicht zu einem gequälten Grinsen entgleisen, an dem widerum nur Ihr Feind seine stille Freude haben könnte, weil er Sie mithin durchschauen würde. Ein solches Lächeln zaubern Sie am ehesten auf Ihre Lippen, wenn Sie für den Augenblick Ihren Feind nicht als Feind, sondern als törichtes Kind betrachten, daß Ihnen trotzen möchte. Versuchen Sie es, und Sie werden staunen, wie Sie selbst in kritischen Augenblicken noch milde lächeln können.

Wie man auf diese Weise mit aufgesetztem Hochmut als Sieger den Ring verläßt, mag ein Beispiel illustrieren. Wir kennen sie alle, die dümmlichen Streitereien um einen Parkplatz. In ein solches Gezänk schlitterte ich einmal, als mein Freund gemeinsam mit mir in einer kleinen, fast belegten Tiefgarage seinen Wagen abstellen wollte. Hinzugesagt werden muß, daß sein Wagen ein wenig breiter als gewöhnliche Vehikel war. Wir kurvten herum und fanden schließlich einen passenden Platz. Nur stand auf diesem Platz eine Frau, die diesen Platz für ihre Freundin freihalten wollte. Schräg gegenüber war auch noch ein Platz frei, in den allerdings unser Wagen nicht hineinpaßte. Ich stieg aus und machte die Frau darauf aufmerksam. Doch war ich bei ihr an die Falsche geraten. „Hier stehe ich, und ich will nicht anders", war ihr Motto. Die Situation eskalierte durch das Eingreifen meines Freundes, der ob dieser Dummheit schlicht und einfach rot sah. Der herbeigeeilte Parkwächter fand schließlich eine Regelung in unserem Sinne, und die Sache schien gegessen. Doch der Zufall wollte es, daß zur gleichen Zeit, wie wir unseren Wagen abholten, auch unsere Kontrahenten, verstärkt durch den Begleiter der Lenkerin, an ihrem Garagenplatz eintrafen. Der Begleiter der

Lenkerin meinte wohl aus seinem Beschützerinstinkt heraus, er müßte uns durch einen „Blickkrieg" den Schneid
abkaufen. Getreu dem Leitsatz „Weggucken gilt nicht!"
schickte ich ihm darauf ein sanftes überlegenes Lächeln direkt in die Pupille, und hinter seinen feindlichen Zügen
leuchtete darauf ein ziemlich belämmertes Gesicht hervor.
Es war ein erhebendes Erlebnis, an dem sich mein Freund
und ich noch eine ganze Weile lang ergötzten.

> Auch viele kleine
> Stiche töten einen
> Stier

Haben Sie die erste Runde gegen einen
Feind, dem Sie nicht ausweichen können, erst einmal gewonnen, sollten Sie
sich eine Weile zurücklehnen, bevor Sie
zu weiteren Attacken übergehen. In der Zwischenzeit tun
Sie so, als hätten Sie das Ereignis, daß Ihren Groll auslöste,
längst vergessen. Seien Sie Ihrem Widersacher gegenüber
zuvorkommend und höflich, vermeiden Sie jedoch jede darüber hinausgehende Freundlichkeit, so bewahren Sie Distanz. Solcherart Distanz ist nämlich unbedingt erforder-
lich, damit die kleinen Spitzen, die Sie alsbald gegen Ihren
Feind richten werden, von diesem nicht gekontert werden
können, sondern ohnmächtig erduldet werden müssen.

Wie solch ein Rachefeldzug aussehen kann, damit un-
terhielt mich auf einer Gesellschaft einen Abend lang Sara-
Fee, die als Informatikerin zusammen mit ihrem Arbeits-
kollegen und Widersacher Thomas ein Büro teilt. Thomas
hatte sich in unverschämter Yuppie-Manier eine knifflige,
von Sara-Fee entwickelte Problemlösung unter den Nagel
gerissen, um damit beim Chef hausieren zu gehen. Nach einem ersten Schlagabtausch und einer gewissen Schonfrist
begann Sara-Fee ganz allmählich damit, Ihre Krallen auszu-
fahren. Es begann damit, daß, wann immer Thomas sich
eine Zigarette anzündete, Sara-Fee, freundlich lächelnd: „Es
stört Sie doch nicht, wenn ich das Fenster öffne?", lüftete.
Und da Raucher bekanntlich eher frösteln als Nichtraucher,

litt Thomas still vor sich hin. Eines Tages reichte es ihm, und er stellte das Rauchen ein. Sara-Fee ließ ihm drei Tage Zeit, dann zündete sie sich genüßlich eine Zigarette an, und während sie den Rauch ausblies, öffnete sie das Fenster, um Thomas diese Kontermöglichkeit von vornherein zu nehmen. Nach der dritten Zigarette war Thomas weich und schnorrte sich von Sara-Fee eine Zigarette. Daraufhin konnte Sara-Fee ihre Zigaretten wieder zur Seite legen, und das Spielchen begann von neuem.

Freilich beließ Sara-Fee es nicht nur bei diesem Spiel, sondern spielte gleichzeitig auf einer ganzen Klaviatur. Saß Thomas etwa mit krauser Stirn vor seinem Computerschirm und hackte nervös auf der Tastatur herum, pflegte sie von ihrem Telefonapparat sein Telefon anzuwählen. Allerdings ließ sie zunächst die letzte Nummer weg und begann scheinbar ein Gespräch, erst dann wählte sie die letzte Nummer, worauf Thomas' Telefon zu läuten begann. Gleichzeitig drückte sie die Stummschaltung an ihrem Apparat und setzte ihr vorgetäuschtes Gespräch fort. Dabei beobachtete sie mit tierischer Freude, wie Thomas aus seiner Arbeit gerissen, seinen Telefonhörer abnahm, sich meldete und nach mehreren vergeblichen „Hallo?" wutentbrannt den Hörer auf die Gabel warf.

Von Mal zu Mal verließ Sara-Fee abends kurz vor Thomas das Büro, um zehn Minuten später wieder zurückzukehren. Mit ein paar Handgriffen verstellte sie seinen Schreibtischstuhl, und mit einem Schwall aus der Blumenkanne setzte sie seinen heißgeliebten Kaktus unter Wasser. Am anderen Morgen machte sie sich die Mühe, etwas eher aufzustehen, um zeitgleich mit Thomas im Büro einzutreffen, damit ihr das folgende Schauspiel auch ja nicht entging. Ein verstellter Schreibtischstuhl war für Thomas, der mehrere Bücher über Ergonomik verschlungen hatte, eine echte Katastrophe. Mit Lineal und Maßskizze bemühte er sich grimmig, den Stuhl wieder in seine optimale Position zu rücken. Der Kaktus mit Fußbad gab ihm anschließend den Rest. Wie ein Rohrspatz schimpfte er auf die unschuldige Reinigungskolonne, die seinen Liebling ersäufen wollte. Und mit einem Fön bewaffnet, mühte er sich über eine Stunde, die matschige „Spezial-Kaktuserde" wieder zu trocknen.

Weitere Anschläge auf Thomas' Gemüt, die sich Sara-Fee ausdachte, bestanden darin, den Kunstliebhaber und Haustierfeind in Thomas mit einem üblen kitschigen Katzenposter zu peinigen, daß sie wohlweislich in ihrem Rükken an die Wand heftete. Wann immer Thomas von seinem Schreibtisch aufsah, war er mit diesem Angriff auf seinen guten Geschmack konfrontiert. Und damit er sich nicht an diese Abscheulichkeit gewöhnte, wechselte Sara-Fee das Machwerk alle vierzehn Tage gegen eine andere Geschmacklosigkeit aus.

Sporadisch vertauschte sie auch in der Kaffeeküche den Zucker in der Zuckerdose gegen Salz aus. Und da Thomas einer der wenigen im Büro war, der seinen Kaffee süßte und zumeist auch als erster Kaffee kochte, traf sie mit dieser kleinen Bosheit auch meist den Richtigen.

Mit sturer Regelmäßigkeit verschleppte sie Thomas' Stifte in die Büros der Kollegen; ließ ab und an seinen Schlüssel in seinen Papierkorb fallen; oder veränderte das kreative Chaos auf seinem Schreibtisch; seine verzweifelte Suche kommentierte sie dann noch mit dem reizenden Satz: „Wer Ordnung hält, ist nur zu faul zu suchen!" Den Vogel schoß sie jedoch ab, als sie eines Tages aus einer Bemerkung von ihm heraushörte, welches Parfüm er abgrundtief haßte. Am nächsten Morgen erschien sie in einer Wolke dieses „schwindelerregenden" Dufts. Es war zugleich der Moment, in dem Thomas endlich ein Licht aufging. Finster schweigend saß er eine ganze Zeit lang Sara-Fee gegenüber. Dabei ging ihm so manches der widrigen Geschehnisse durch den Kopf, und am Ende erkannte er, daß er seiner

Gegnerin hilflos ausgeliefert war; denn mit jeder Anklage würde er sich nur der Lächerlichkeit preisgeben. Kleinmütig sah er auf die triumphierende Sara-Fee, die in einer Duftwolke thronend auf ihn herabsah, und mit nebulösen Worten versuchte er, um den heißen Brei herumschleichend, mit ihr Frieden zu schließen. Sara-Fee genoß es äußerlich vollkommen beherrscht, dem sich windenden Feind zuzuhören. Und da seine Worte keinen Sinn machten, ermunterte sie ihn schließlich mit ihrem süßesten Lächeln: „Ich verstehe Sie nicht, Thomas. Können Sie vielleicht das, was Sie sagen wollen, in einem Satz sagen!"; und mit gequälter Miene bat Thomas sie schlicht und einfach um Verzeihung und Frieden. Für einen kurzen Augenblick rang Sara-Fee darauf mit der lockenden Versuchung, Thomas erneut auflaufen zu lassen. Doch schließlich schlug sie in die dargebotene Hand ein. Von da an hatte Sara-Fee in Thomas nicht nur einen rücksichtsvollen Kollegen, sondern einen ihrer treuesten Vasallen, der in jeder Situation bereit war, sich für sie in die Presche zu werfen.

Nicht immer läßt sich ein mehrstufiger Racheplan durchführen; oft führt uns nämlich das Schicksal nur für einen kurzen Moment mit einer anderen Per-

> Auch eine kleine Fiesheit bereichert das Leben

son zusammen, die uns so zuwider ist, daß wir ihr einfach einen Stein hinterherwerfen müssen. Meist sind es schnippische, eingebildete Leutchen, hinter deren Aufgeblasenheit nur laue Luft ist. Um solche Personen zu strafen beziehungsweise in solche Verlegenheit zu bringen, daß ihnen Hören und Sehen vergeht, braucht man neben zündenden Ideen auch den Funken Glück, der eine passende Situation herbeizwingt.

Einer solch exemplarischen Begebenheit konnte ich einmal bei einer Besprechung im Atelier meines Kollegen Raphael beiwohnen. Wir hatten im Auftrag einer Produktionsfirma ein Konzept für eine Spielshow entwickelt und trafen uns mit der Redakteurin, die wir bislang nur vom Telefon her kannten. Dort gab sie sich als die knallharte, dynamische Überfliegerin. Als sie bei uns eintraf, sahen wir, daß außer grellen Designerklamotten nichts dahinter war. Wir führten unsere Besprechung, und die Redakteurin, nennen wir sie Eva, mußte zwischendurch auf die Toilette. Raphael beschrieb ihr den Weg, ohne jedoch gehässigerweise zu erwähnen, daß die Waschgelegenheit im Bad daneben lag. Eva kam vom Örtchen zurück und traute sich nicht, wie Raphael richtig vermutete, nach Wasser und Seife zu fragen. Gut erzogen, wie wir nun alle mal sind, war es aber auch ihr sichtbar peinlich, mit ungewaschenen Händen die Besprechung fortzusetzen. Und mit maliziösem Schalk in den Augen konnten wir zusehen, wie sie darunter litt. Mal rieb sie sich wie unabsichtlich die Hände, mal führte sie zu unserem unaussprechlichen Vergnügen die Finger gegen die Nase. Dabei schrumpfte sie immer tiefer in ihre Designerklamotten. Als sie uns verließ, war sie gerade noch einen Fingerhut groß. Durch seine kleine „Nachlässigkeit" hatte ihr Raphael vollkommen den Wind aus den Segeln genommen; und bei unseren weiteren Kontakten am Telefon zeigte sich Eva ganz und gar von ihrer bislang verborgenen menschlichen Seite.

Gerade im privaten Bereich lassen sich manche kleinen versteckten Gemeinheiten dieser Güte austeilen, wobei Sie beinahe in fürstlicher Manier jemanden in Ungnade stoßen oder in edler Weise Ihrer Gnade teilhaftig werden lassen können. Lassen Sie beispielsweise Ihre Gäste die Schuhe ausziehen, um die Teppiche zu schonen, und erfreuen Sie sich alsdann daran, wie sie mit verdrehten Beinen versuchen, die Löcher in den Strümpfen zu verbergen oder ihre vermeintlichen Schweißfüße aus der Gefahrenzone zu ziehen. Servieren Sie auf echt italienische Art die Spaghetti nur mit der Gabel; traktieren Sie die Unholde mit einer endlos langweiligen und miserabel sortierten Diavorführung, bei der jedes zweite Bild auf dem Kopf steht; fragen Sie sie mit gespielter Fürsorge nach Dingen, die ihnen peinlich sind; nehmen Sie vor dem Besuch Ihres Lieblingsfeindes das Klopapier aus der Toilette oder plazieren Sie gut sichtbar ein Magazin, das ihm die Schamröte ins Gesicht treiben wird. Nur Personen mit entsprechendem Standvermögen können sich über derart fiese Arrangements ungeniert hinwegsetzen. Darum sollten Sie den Rat beherzigen, den ein erfahrener Rächer mir einst gab:

Seien Sie schamlos!

Dieser Leitsatz wird uns an verschiedenen Stellen dieses Buches in der einen oder anderen Form immer wieder begegnen. Verhalten Sie sich danach, können Sie als Gast auch die soeben angeführten Tips leichthin konterkarieren und damit einen unleidlichen Gastgeber dementsprechend piesacken. Streifen Sie sich in einem solchen Fall ganz bewußt die älteste Socke mit den schönsten Löchern über die Füße, und wählen Sie sich mit Absicht jene üblen Galoschen, in denen Sie mit Garantie schon nach hundert Metern einen Schweißfuß haben werden. So präpariert wird Ihr Besuch für einen Gastgeber, von dem Sie wissen, daß er Sie Ihre Schuhe ausziehen läßt, gewiß zur Qual und für Sie eine herzerfrischende Genugtuung sein. Und sollte er tatsächlich lange Nudeln servieren, dann bemerken Sie, daß man ein solch phantastisches Gericht entsprechend würdigen muß, indem man die Nudeln original italienisch nur mit der Gabel aufdreht. Stellen Sie sich dabei entsprechend unbeholfen an, können Sie Ihre Umgebung in einem Umkreis von einem Meter aufs herrlichste eindrecken. Vergessen Sie zudem nicht, Ihre Schweißfüße unterm Tisch Ihrem Gastgeber unter die Nase zu halten.

Mehr über die Möglichkeiten, seinen Feind in dessen eigenem Haus zu schlagen, erfahren Sie im Abschnitt „Mein Feind, mein Freund".

Gesprächskultur unter Feinden

Die Methode, wie Sara-Fee in dem im Kapitel zuvor beschriebenen Beispiel der Rede ihres Gegners schweigend lauschte, ist jedem nach Genugtuung

> Wie eine lange Rede zu Musik im Ohr des Rächers wird

Lechzendem nur ans Herz zu legen; denn nichts ist wohltuender für ein rachedurstiges Gemüt, als den sprachlichen Fehlleistungen, den schnörkelhaften Windungen, den versteckten Lobhudeleien und Kratzfüßen eines Widerlings zu lauschen, der etwas von einem will:

Üben Sie sich daher in der Kunst des Zuhörens.

Mißachten Sie all die peinlichen Versuche Ihres Gegenübers, Sie dazu bringen zu wollen, ihm durch die richtige Frage oder Feststellung auf die Sprünge zu verhelfen. Schweigen Sie, bis er hilflos nach Worten schnappt und seine Rede stockt. Darauf dürfen Sie ihn mit einem tiefen väterlichen Blick in die Augen und dem schlichten Satz „Ich verstehe nicht, was Sie meinen!" in den Staub treten. Rückt er dann immer noch nicht mit seinem Begehren heraus, so lassen Sie ihn sich weiter winden und zappeln und beobachten dabei sein Elend kühl und schweigsam. Sie werden an einem solchen Gespräch in Ihrer Erinnerung noch lange Freude haben. Die Freude an solchen Begebenheiten ist übrigens der bleibende Lohn der Rache!

Die triumphale Krönung eines auf diese Weise geführten Gespräches ist es

> „Nein" genügt!

allerdings, wenn der Gegner nach mehreren Anläufen schließlich doch mit seinem Anliegen herausrückt und Sie es darauf mit einem schlichten „Nein!" abweisen können. Es kostet zwar einige Disziplin, nun seinerseits die Ablehnung nicht in vielen Phrasen zu begründen. Doch sollten Sie diese Form der Selbstbeherrschung unbedingt aufbieten. Denn jede Erklärung Ihrerseits würde das unangenehme Gefühl, in das sich Ihr Widersacher hineingeschwatzt hat, nur aufhellen und ihm Erleichterung verschaffen. Lassen Sie sich auch nicht von einem eintretenden verlegenen Schweigen irritieren, sondern genießen Sie die peinliche Stille als Ihren ganz persönlichen kleinen Sieg. Es besteht nämlich absolut keine Veranlassung, daß Sie dieses unangenehme Schweigen brechen. Statt dessen dürfen Sie nach einer Weile einen fragenden Blick aufsetzen. Meist fällt Ihr Gegenüber darauf rein und stellt die entscheidende Frage nach dem Grund Ihrer Ablehnung, und Sie können ihm darauf eine endgültige Niederlage bereiten, indem Sie mit warmen Worten bemerken: „Ich denke nicht, daß ich Ihnen für meine Entscheidung eine Erklärung schuldig bin!" Punkt, basta, und kein Wort mehr! Bringen Sie das ohne jegliche Schärfe über die Lippen, bleibt Ihrem Widerpart nur noch, den Schwanz einzuziehen und von dannen zu schleichen. Sollte er hingegen tatsächlich so dumm sein und darauf das Maulen anfangen, liegt es an Ihnen, ihn mit der schlichten Bemerkung: „Das genügt ..." zu verabschieden.

> **Gewähren Sie kein Pardon!**

Manche Zeitgenossen beherrschen die Eigenschaft hervorragend, eine Sache zu verbocken und einen darüber hinaus mit ihrer fehlenden Einsicht in ihr Unvermögen zur Weißglut zu treiben. Knüpfen wir sie uns schließlich persönlich vor, erzählen sie uns die Geschichte vom Pferd und bemühen sich beständig, mit Floskeln wie „Verstehen Sie ..." oder „Sie wissen ja, wie das ist ..." uns zur Bejahung ihres fadenscheinigen Geschwätzes zu zwingen. Lassen Sie sich nicht auf diese Leimrute locken, sondern verneinen Sie standhaft alle derartigen Suggestivfragen. Ein schlichtes Kopfschütteln genügt bereits, um einen solchen Schwadroneur aus dem Konzept zu bringen. Verweigern Sie ihm auch jede mimische Zustimmung, um die er durch fragendes Senken oder Heben seiner Stimme buhlt. Schauen Sie ihn statt dessen mit maskenhaftem Gesicht an, so daß er Ihre Reaktion nicht einzuschätzen vermag. Seine Rede wird darauf immer weitschweifiger und dünner werden, und sobald er sich in Wiederholungen ergeht, ermahnen Sie ihn mit der schlichten Frage: „Was wollen Sie mir eigentlich sagen?". Bewegt er darauf hilflos seinen Mund wie ein Karpfen, dürfen Sie hinzufügen: „Ich verstehe: Nichts!".

Allerdings verläuft ein solches Gespräch nicht immer nach Drehbuch, und manche Schönredner verstehen es auch trotz Ihrer erkennbaren Ablehnung, ihre Rede so zu führen, daß es Ihnen schwerfallen wird, dagegen zu argumentieren. Hier hilft Ihnen dann der Kunstgriff, mit der Bemerkung „Kommen wir wieder zur Sache!" alles Gesagte mit einem Wisch zu entwerten. Gleichzeitig haben Sie den Finger wieder in die Wunde gelegt, die Ihr Widersacher durch sein Geschwätz eigentlich verpflastern wollte.

Bleiben Sie stur,

und lassen Sie sich durch keinen Redeschwall von Ihrem Anliegen, etwa ein Schuldeingeständnis Ihres Feindes, abbringen. Kommen Sie mit stoischer Ruhe immer wieder auf den Punkt zurück, zu dem Sie eine Stellungnahme fordern. Führen Sie

> Stechen Sie in die offene Wunde und kommen Sie auf den Punkt zurück!

beispielsweise ein Mahngespräch um einen Geldbetrag, so hören Sie sich genüßlich die faulen Ausreden Ihres Gläubigers an und fragen ihn schließlich eiskalt: „Ich verstehe nicht, wollen Sie nicht bezahlen oder können Sie nicht bezahlen?" Hingegen sollten Sie sich in einem Streitgespräch lediglich darauf beschränken, gebetsmühlenartig den unstrittigen Sachverhalt immer wieder vorzutragen und Ihre Einschätzung desselben zu wiederholen. Nur hart gesottene Gegner sind imstande, auf Dauer solcher direkten Beharrlichkeit zu widerstehen. Die Mehrzahl wird jedoch einknikken und mit verschraubten Worten eine Entschuldigung hervordrucksen. Und genau dies verschafft Ihnen die Gelegenheit zum endgültigen Triumph. Denn für das Gespräch unter Feinden gilt:

Akzeptieren Sie keine Entschuldigung!

Wurde das Eingeständnis nur verklausuliert vorgetragen, dürfen Sie zuvor noch mit den Worten „Dies soll wohl eine Entschuldigung sein?" nachfragen, ehe Sie mit steinerner Miene feststellen: „Ihre Entschuldigung kann ich nicht akzeptieren!" Sie werden darauf keinen Gegner mehr vor sich haben, sondern einen begossenen Pudel.

Nehmen Sie Ihren Feind beim Wort!

Viele Schönredner operieren mit der Formel: „Da stimme ich Ihnen grundsätzlich zu ...", um gleich dahinter das große „Aber" zu setzen und anschließend das Gegenteil dessen zu erzählen, was man selbst vorgetragen hat. Gegen diese, jedem Schmierenvertreter bereits mit der Muttermilch eingegebene rhetorische Platitüde ist ein einfaches Kraut gewachsen: unterbrechen Sie seine Rede mit der schlichten Frage: „Worin genau stimmen Sie mir zu?" Schnappt Ihr gegenüber darauf wie ein Fisch, sollten Sie ihn kalt lächelnd fragen: „Wieso versuchen Sie, mir Honig ums Maul zu schmieren?" Je unverblümter Sie sind, desto mehr verunsichern Sie Ihren Gegner und durchkreuzen sein Konzept. Hierdurch übernehmen Sie das Zepter und können das Gespräch in Ihrem Sinne lenken. Darum:

Seien Sie direkt!

Bei einem Gespräch mit dem Feind geht es im Grunde nicht um ein konstruktives oder gar positives Ergebnis, sondern um einen Zweikampf, den wir vor grauer Vorzeit noch mit Keulen ausgetragen hätten. Da indessen bei einem kultivierten Zweikampf längst kein Blut mehr fließt, sollten Sie sich auf das eigentliche Ziel einer solchen Auseinandersetzung, nämlich die Demütigung Ihres Gegners, konzentrieren. Und kaum etwas ist für den Widersacher in einem Streitgespräch peinlicher, als wenn er an seinen eigenen sprachlichen Fehlleistungen gemessen wird. Nehmen Sie daher seine Rede wortwörtlich, lassen Sie sich nicht mit Floskeln, Verniedlichungen oder Übertreibungen sowie nebulösen Phrasen abspeisen.

Fragen Sie also nach, und kommentieren Sie dreist!

Andererseits können Sie die zuvor angeprangerte Taktik des leeren Geschwätzes zu einer scharfen Waffe

> Ein lange Rede raubt dem Feind den Nerv

schmieden, sobald Sie es mit einem Gegenüber zu tun haben, das Sie kurz abfertigen möchte. Dann dürfen Sie mit der ganzen Ihnen gebotenen Fabulierkunst vom Thema abschweifen und Ihre Rede mit hinkenden und platten Beispielen ausschmücken. So verirrte ich mich beispielsweise einmal in eine Arztpraxis, in der der vermeintliche Herrgott in Weiß offensichtlich der Ansicht war, jedes Wort eines Patienten zuviel könnte ihn ruinieren. Mit dieser Einstellung war er jedoch bei mir an den Falschen geraten. Nachdem mir deutlich wurde, daß ich hier offensichtlich nur als ein Werkstück unter vielen auf einem Fließband angesehen wurde, stahl ich dem Herrn Doktor mit boshafter Berechnung seine ach so kostbare Zeit. Ich schwatzte drauf los und stellte mit hilfesuchender Miene die dümmsten Fragen, die mir zu meinem Fall in den Sinn kamen. Seine Antworten wiederholte ich darauf wie ein Evangelium in langatmiger Weise, würzte sie dabei zugleich mit unsinnigen Vermutungen und endete wieder mit einer weit hergeholten Frage, der er seinerseits nicht ausweichen konnte. Nach fünf Minuten litt er bereits erkennbar körperlich; nach zehn Minuten war er der Verzweiflung nahe, und weitere fünf Minuten später wollte er mich entschieden aus seiner Praxis komplimentieren. Damit gab er mir allerdings nur die ersehnte Gelegenheit in die Hand, mich zu entrüsten und in unsinniger Weise den Behandlungsschein zurückzufordern. Der Streit, der darauf entbrannte, kostete ihn nochmals zehn Minuten. Als ich ihn verließ, schien er nervlich am Ende zu sein, mir hingegen ging es zumindest seelisch besser als zuvor, ehe ich seine Praxis betrat.

Körpersprache, die wortlose Beleidigung

Zur Gesprächskultur mit Ihrem Feind zählt unabdingbar auch die Körpersprache. Geben Sie ihm daher durch Ihre Haltung zu verstehen, was Sie von ihm halten: nämlich gar nichts! Wenden Sie sich von ihm ab, wann immer es geht. Findet das Gespräch im gegnerischen Revier statt, sollten Sie mit unverkennbarer Abneigung seine Einrichtung einer intensiven Betrachtung unterziehen. Schauen Sie während seiner Rede zum Fenster hinaus, und verschränken Sie in ablehnender und herausfordernder Weise die Arme vor Ihrer Brust oder drehen Sie gelangweilt Ihre Daumen. Auch die eingehende Betrachtung der eigenen Hände von allen Seiten ist ein unmißverständliches Zeichen, um seinem Gegenüber zu signalisieren: „Du kannst mich mal …“. Besonders wirksam ist das Spiel mit den eigenen Händen, wenn Sie Ihre Finger so bewegen, daß von Mal zu Mal der gestreckte Mittelfinger „solo“ zu erkennen ist. Hierbei sollten Sie jedoch so diskret vorgehen, daß Ihr Widersacher es nicht einzuschätzen vermag, ob Sie ihm neben Ihrer erkennbaren Mißachtung nicht auch noch den „Stinkefinger" zeigen, oder ob es sich nicht doch um eine irrtümliche Beobachtung seinerseits handelt. Diese Ungewißheit wird an seinem Selbstwertgefühl weit schlimmer nagen als jede Eindeutigkeit.

„Du kannst mich kreuzweise ..." vermitteln Sie Ihrem Feind auch auf ebenso dezente wie deutliche Weise, wenn Sie ihn während seiner Wortkaskaden mit leerem Gesicht und blöden Augen anstarren. Einen derartigen Gesichtsausdruck erhalten Sie am ehesten, sobald Sie in Gedanken ein Sie entspannendes Wort wie etwa „Urlaub, Urlaub, Urlaub ..." beständig wiederholen. Aufreizend wirkt auch, die falsche Miene zum Text aufzusetzen. Ein sattes Grinsen, sobald der Gegner von Schwierigkeiten berichtet, ein mißtrauisches Stirnrunzeln, kaum daß ein vernünftiger Vorschlag kommt, oder ein zornig verengter Blick, sowie er einen freundlichen Ton anschlägt, genügen, um den Widersacher am Sinn seiner Rede und an sich selbst zweifeln zu lassen.

Erfolgreich verunsichern Sie Ihren Gegner auch, wenn Sie sich auf seine äußerlichen Unzulänglichkeiten fixieren. Kaut er Fingernägel, was übrigens unter Erwachsenen häufiger vorkommt, als man glaubt, sollte Ihr Blick sich nicht von seinen Händen lösen; ein gelegentliches angewidertes Naserümpfen tut dabei sein übriges. Hat er abgeschabte Ärmel, einen Pickel auf der Nase, ungeputzte Schuhe, Schuppen auf den Schultern oder einen Flecken auf dem Hemd, richten Sie unerbittlich und anhaltend Ihren Blick darauf. Ihr Feind wird Sie darauf um der empfundenen Peinlichkeit willen auf den Mond wünschen, und Sie werden ihm als eine äußerst unangenehme Person im Gedächtnis bleiben; was Ihnen allerdings nur recht sein kann.

In ähnlicher Weise irritieren Sie Ihren Feind während Ihres Tête-à-tête, wenn Sie seine Bewegungen nachmachen beziehungsweise imitieren. Faßt er sich an die Nase oder streicht er sich übers Haar, verschränkt er die Hände oder stützt sein Kinn auf, egal, was er Ihnen vormacht, Sie tun das gleiche. Und sobald Sie am Wort sind, unterstreichen Sie Ihre Rede mit der gleichen Gestik wie Ihr Gegner. Das Niedliche an dieser kleinen Bosheit ist, daß Sie damit Ihren Widersacher äußerst verwirren, ohne daß ihm selbst klar wird, woher seine Irritation rührt. Und sollte er Ihr böses Spiel dennoch durchschauen, so wird ihm auch dies wenig nutzen. Versucht er nämlich, seine Gestik zu kontrollieren, wird er nur noch konfuser und seine Rede noch unbeholfener erscheinen und ihm wird von Sekunde zu Sekunde deutlicher werden, daß er den Trottel für Sie abgibt.

Taube Ohren reizen gut

Ein wirksames Mittel, die Ungeduld Ihres Feindes im Gespräch herauszukitzeln und ihn hierdurch für die entstehende schärfere Tonlage verantwortlich machen zu können, besteht darin, einen kleinen Hörschaden zu simulieren. Übrigens eine Methode, die auch am Telefon hinlänglich aufreizend wirkt. Unterbrechen Sie die Rede Ihres Feindes durch ein höfliches „Wie bitte?" oder die freundliche Aufforderung „Könnten Sie das noch einmal wiederholen? Ich habe Sie akustisch nicht verstanden." Gestehen Sie zwischendurch noch unschuldig Ihre Unaufmerksamkeit ein, indem Sie dazwischenwerfen: „Entschuldigung, was haben Sie gemeint? Ich war jetzt nicht ganz bei der Sache.", bringen Sie Ihren Gegner mühelos zur Weißglut. Sehr effektvoll ist es auch, diese Bemerkung auf eine Frage Ihres Feindes folgen zu lassen. Allerdings sollten Sie dabei auf eine kleine Kunstpause achten, in der Sie schweigend in das fragende Gesicht Ihres Feindes blicken. Könner verstehen es dabei, die Pause gerade so lange zu halten, bis sie sehen, daß ihr Widersacher sich äußern will. Schließlich klingt der kleine erstickte Krächzer, der einem dank einer verschluckten Rede entfleucht, wunderbar dämlich.

Wollen Sie Ihrem Feind mit einem
schlichten, aber treffenden Schimpfwort mitteilen, was Sie von ihm halten,
sollten Sie tunlichst darauf achten, daß

> Lassen Sie sich nur
> unter Zeugen
> beleidigen!

dies nur unter vier Augen geschieht. Ansonsten würden Sie
Ihrem Gegner nur das scharfe Schwert einer Beleidigungsklage zuspielen. Wobei ein einziges gezieltes Schmähwort in
der Regel mehr Wirkung zeigt als eine unflätige Haßtirade.
Schließlich entblößen Sie sich durch eine Schimpfkanonade
viel eher selbst, als daß Sie Ihren Gegner treffen. Ein gezieltes Wort aber, das in seiner Bildhaftigkeit womöglich noch
eine wesentliche Schwäche des Gegners aufspießt, schmerzt
vor allem dann, wenn es mit ruhiger Sachlichkeit vorgetragen wird.

So erzählte mir beispielsweise Dagmar, die als Stations-
schwester an einem großen Klinikum arbeitet, wie sie während einer Auseinandersetzung mit dem leitenden Arzt den
Streit schließlich dadurch siegreich beendete, daß sie mit
liebenswürdigem Ton feststellte: „Herr Doktor, Sie können
sagen, was Sie wollen. Sie sind und bleiben ein Kasperlkopf." Damit hatte sie offensichtlich ein Kindheitstrauma
des guten Mannes wiederbelebt, denn er hatte in der Tat
holzschnitzartige Gesichtszüge, die fatal an einen Kasperl
aus dem Puppentheater erinnerten. Weiß wie die Wand und
bebend vor Zorn, zischte der Herr Doktor die gute Dagmar
an: „Was haben Sie gesagt?" Diese erwiderte mit aller ihr
zu Gebote stehenden Herzlichkeit: „Sie sind und bleiben ein
Kasperlkopf!" Wie tief dieser Stachel saß, erfuhr Dagmar
ein gutes Jahr später, als sie von einer vertrauten Oberärztin
des Herrn Doktor in einem ruhigen Moment schelmisch gefragt wurde: „Ist es wahr, Schwester Dagmar, daß Sie den
Herrn Doktor einmal einen Kasperlkopf geheißen haben?"
Dagmar meinte darauf nur mit unschuldiger Miene und
treuem Augenaufschlag: „Aber Frau Doktor, Sie kennen
mich doch, so etwas würde ich nie tun."

So wie Sie Ihren Gegner nur unter vier Augen beleidigen sollten, sollten Sie darauf achten, daß Sie Ihren Feind dazu nur unter Zeugen nötigen. Schließlich hat nur eine bezeugte Beleidigungsklage auch Aussicht auf Erfolg. Wobei Sie dann vor dem amtlichen Schlichter nicht unbedingt auf eine Strafe drängen sollten. Viel mehr Freude wird es Ihnen nämlich bereiten, wenn Sie sich großherzig zeigen und auf eine Entschuldigung Ihres Widersachers hinwirken, die ihm meist viel schwerer über die Lippen kommt, als ein Strafgeld zu berappen.

Der Feind steht im Laden

Daß sich die Beziehung zwischen Verkäufer und Kunde nicht immer so gestaltet, wie wir sie uns als Kunde vorstellen, davon vermag ein jeder ein Lied zu singen. Daran gewöhnt, daß in unseren Landen Kundenservice für viele Geschäftsinhaber ein Fremdwort ist, da wir ihnen auch ohnedies unser Geld zutragen, nehmen wir so manche Flegelei blasierter Ladenschwengel als unvermeidliche Zeiterscheinung hin. Selber schuld, mag man da eigentlich nur sagen. Doch manches Mal, mag es am Wetter liegen oder an der beispiellosen Unverschämtheit, mit der wir abgefertigt werden, platzt uns der Kragen, und wir schmettern eine Beschwerde in den Raum, die sich gewaschen hat. Daß wir dabei nicht immer Eindruck schinden, sondern gar noch als weltfremde Querulanten behandelt werden, liegt wohl an der zynischen Abgebrühtheit, mit der manche Händler ihre Dienstleistung beurteilen. Spätestens in einem solchen Moment aber sollte in einem jedem Kunden der gesunde Racheinstinkt erwachen.

Das einfachste Mittel, es einem unverschämten Händler heimzuzahlen, ist, wann immer sich die Gelegenheit im Bekannten- und Freundeskreis ergibt,

> Eine schlechte Empfehlung ist Goldes wert

eindringlichst vor dem Betreten des Ladens zu warnen. Das solches Vorgehen eine nicht zu vernachlässigende Form der Vergeltung ist, beweist eine Untersuchung der Industrie- und Handelskammern. Durch sie wurde festgestellt, daß ein unzufriedener Kunde durch seine Bekundung neun weitere potentielle Kunden vergrault, während ein zufriedener Kunde nur als Multiplikator für einen weiteren Kunden wirkt. Wollen Sie sich also in dieser Form wirksam rächen, sollten Sie sich bei Ihrem Bericht über die miese Behandlung nicht von Tatsachen, sondern von häßlichen Übertreibungen lenken lassen. Machen Sie den Laden, und sei er auch die erste Adresse der Stadt, zu einer schäbigen Klitsche, in die nur Unterbelichtete ihr sauer Verdientes hineintragen können.

Überlegen Sie es sich auch, ob Sie den örtlichen Verbraucherschutzverein in die Sache mit einschalten. Besonders bei Gewährleistungsansprüchen und bei minderer Ware, die Ihnen angedreht wurde, kann dieser Ihnen hilfreich mit Rat zur Seite stehen. Bei einigen Händlern können Sie mit dieser Adresse im Rücken durchaus etwas erreichen, einen verstockten Ladner werden Sie damit allerdings kaum beeindrucken. Hier bliebe Ihnen letztlich nur der Weg, vor den Kadi zu ziehen, um sich dort die süße Frucht der Rache zu pflücken.

Aufs Gramm genau und auf Heller und Pfennig

Weit häufiger als durch eine abgebügelte Reklamation werden wir allerdings durch eine schlechte und unwillige Bedienung gereizt. Steht Ihr solchermaßen erklärter Feind im Supermarkt an der Ecke, so sind Sie in dem beneidenswert glücklichen Umstand, ihm jeden Tag aufs neue die Leviten lesen zu dürfen. Daß eine solche Fehde auch am Ende ihr Gutes bewirken kann, zeigt das Beispiel von Peter, einem pensionierten Baurat, der mit seiner kleinlichen Rache den Anstoß gab, daß sich Barbara, seine Gegnerin, zu einer perfekten Verkäuferin wandelte. Ein paar pampige Bemerkungen von Barbara genügten, um Peter so zu verärgern, daß er sich auch nicht mehr die kleinste Kleinigkeit von ihr bieten lassen wollte. Er richtete seine Einkäufe darauf mit Vorliebe so ein, daß er Barbara hinter der Theke oder an der Kasse triezen konnte. Stand Barbara hinter der Wurst- und Käsetheke, so achtete er peinlichst darauf, daß sie das Papier nicht mitwog, sondern als Tara auf der elektronischen Waage registrierte. Schnitt sie Wurst ab, ließ er sich den Anschnitt zeigen und kam er ihm nicht frisch vor, mußte sie die erste Scheibe zur Seite legen. Vorgeschnittenen Aufschnitt oder vorportionierten Käse weigerte er sich grundsätzlich anzunehmen und ließ ihn sich stets frisch portionieren. Und wagte Barbara zu fragen: „Darf es ein bißchen mehr sein", erntete sie ein mitleidloses „Nein!". Mit Argusaugen beobachtete Peter die Waage. Ein Achtel waren für ihn 125 Gramm und kein Deut mehr oder weniger. Seine rachetrunkene Beamtenseele jubilierte vor der Waage förmlich. Saß Barbara an der Kasse, bat er sich eine fürsorgliche Behandlung seines Einkaufs aus. Rollte mal eine Büchse auf ein frisches Gemüse in der Warenablage, war es ihm schon Gelegenheit, die Frucht einer genauen Untersuchung zu unterziehen, um sie gegebenenfalls umzutauschen. Kam es vor, daß das Förderband verschmutzt war, bestand Peter darauf, daß es gereinigt wurde, ehe er seine Ware darauf legte.

Das Ganze begleitete er stets mit einem besserwisserischen Genörgel, das Barbara zur Freude Peters die Schamröte ins Gesicht trieb. Schließlich hatte sie von ihm so die Nase voll, daß sie am liebsten die Stellung gewechselt hätte. Doch der Haß auf Peter war in ihr mittlerweile so groß, daß sie sich sagte: „Du schaffst mich nicht!" und beschloß, sich von nun an keine Blöße mehr zu geben; was ihr schließlich auch gelang und unmerklich in Fleisch und Blut überging. Diese Geschichte habe ich übrigens nicht von Peter, sondern von Barbara, die während dieses Kleinkriegs selbst rasende Rachephantasien entwickelte, die sie allerdings gottlob nicht verwirklichen konnte, da sie fürwahr sehr, sehr finster waren.

Der Rächer als
Chaot im Laden

Will man – so wie Peter im zuvor gegebenen Beispiel – seine Rache in über-
triebener Rechthaberei und Sticheleien
gegen eine Person ausleben, sollte man schon über starke
Nerven verfügen. Jedenfalls sind die hinterhältigen Anschläge aus dem Verborgenen heraus weitaus schonender
für die Nerven des Rachedurstigen. Andererseits sorgen Sie
damit ebenso für Verdruß und Bitterkeit auf der Seite Ihres
Widersachers. So weiß ich von einem Kaufhaus, das in seiner Uhrenabteilung keine Küchenwecker mehr offen anbietet, obwohl sie ein gängiger Mitnahmeartikel sind. Den
Grund hierfür lieferte ein offensichtlich verärgerter Kunde,
der von Mal zu Mal sämtliche der rund fünf Dutzend Küchenwecker im Regal aufzog und auf verschiedene Zeiten
einstellte. Bei den ersten beiden Malen war die Uhrenabteilung für eine Stunde wegen des anhaltenden schrillen Ge-
läutes lahmgelegt. Beim dritten Mal hatte man bereits eine
Gegenwehr ersonnen und schaffte mit dem ersten Klingeln
schnurstracks alle Küchenwecker ins Lager. Als trotz eifriger Beobachtung des Regals das Dutzend dieser Anschläge
voll war, entschloß man sich zur Umsatzeinbuße und verstaute alle Wecker hinter der Verkaufstheke, wo sie nunmehr weitestgehend unbeachtet vor sich hinstauben.

Rächer sind keine
Vandalen

Sich an der Ware des verhaßten Händlers zu vergreifen scheint im übrigen eine sehr beliebte Methode der Vergel-
tung zu sein, wie ich aus manchem Munde hörte. Die Möglichkeiten hierfür sind heutzutage geradezu ideal. Bei immer
weniger Verkäufern und immer größeren Verkaufsflächen
muß sich ein Rachetrunkener jedenfalls nicht sonderlich zurückhalten. So können Sie beispielsweise mit einem rasier-
messerscharfen Kantenschneider in einer Textilabteilung
allerlei Unheil anrichten. Dabei sollten Sie freilich jeden
blinden Vandalismus ablehnen; zum einen belegt er Ihre

Rache mit dem Ruch des Vulgären, zum anderen entschädigt sich der Händler bei seiner Versicherung. Schmerzhaf-
ter sind hingegen kleine, geradezu lächerliche Schäden, die
entweder den Wert der Ware geringfügig mindern oder in
der hauseigenen Werkstatt behoben werden können. Solcherart Schäden sind lästig und ärgerlich und zehren exakt
an den Nerven, die Sie strapazieren wollen.

Verschwinden Sie also mit zwei, drei edlen Anzügen
oder Kostümen in der Umkleidekabine, und trennen Sie hier
und da einen Knopf ab. Die Knöpfe lassen Sie selbstverständlich verschwinden. Mit ein wenig Übung und einer
Trennadel können Sie auch geschwind eine Naht im Hosenboden oder Rockbund so weit lösen, daß sie erst beim
nächsten Kunden richtig aufspringt. Und ein kleiner Fingernagelschneider genügt bereits, um einen Reißverschluß zu
ruinieren.

Je nach Branche des Unternehmens, das Ihrer Rache
würdig ist, verändern sich die „Strafmaßnahmen". Sie zu
entdecken mag von Mal zu Mal eine schöpferische Heraus-
forderung an unsere Kreativität sein. Beispielsweise sorgen
gut plazierte Gebrauchsspuren am Ausstellungsgut eines
Porzellangeschäfts für ausreichend Unmut unter den Betei-
ligten. In einem Tapetengeschäft kann eine Scheibe Streichwurst im Musterbuch für helle Aufregung sorgen, und in
einem Autosalon können Sie den Aschenbecher mit Kippen
auffüllen und alsdann den smarten Verkäufer zur Schnecke
machen.

Freilich muß sich das Chaos mit Zeit-
zünder, sprich der Aufstand über beschädigte Ware, nicht zwangsläufig so
entwickeln, wie Sie ihn geplant haben.

> Verschaffen Sie sich
> selbst den Anlaß zur
> Beschwerde

Zwar mag es Ihnen eine tierische Freude bereiten, in einem
Feinkostgeschäft einen angebissenen Apfel in der Steige zu-
rückzulassen oder in einem Lebensmittelladen die Mehltü-

ten aufzuschlitzen, doch ob der nächste Kunde auch die Gelegenheit zur Beschwerde nützt oder ob wirklich ein Eklat entsteht, liegt im Ungewissen. Zudem werden Sie auch nur mit viel Glück zum feixenden Zeugen einer solchen Auseinandersetzung werden. Folglich sollten Sie sich das Vergnügen, einen handfesten Krach heraufzubeschwören, schon selbst bereiten. Nehmen Sie also mit Schwung die zuvor aufgeschraubte und nur leicht gedeckelte Dressingsoße aus dem Regal, und versauen Sie sich damit die Jacke. Am besten machen Sie dies mit einem Verkäufer als Zeugen an Ihrer Seite, wozu Sie sich nur mit Unschuldsmiene zum entsprechenden Regal führen lassen müssen. Und dann kann der Zauber los gehen! Fordern Sie, nachdem Sie sich gekonnt bekleckert haben, kategorisch die Kosten für die Reinigung. Dieses keineswegs unbillige Verlangen erzeugt nämlich bei den meisten Filialisten einen erheblichen Widerwillen. Schließlich müssen sie diese Ausgabe meist vor ihrer Zentrale lang und breit rechtfertigen. Die dieserhalb vorgetragene Unwilligkeit zur Schadensbehebung dürfen Sie darauf lautstark anprangern. Ein entsprechend beifälliges Publikum wird Ihnen zur Seite stehen. Lassen Sie es nicht nur zuschauen, sondern ziehen Sie es mit in die Auseinandersetzung hinein, indem Sie es direkt ansprechen, und Ihr Feind wird sich ganz schnell in das nächste Mauseloch wünschen.

Sofern Sie danach wieder friedlich gestimmt sind, können Sie Ihren erschöpften Widersacher dadurch entlohnen, indem Sie ihm eine zweifelhafte Erfrischung zukommen lassen. Schreiben Sie mit einem goldenen Filzstift auf das Etikett einer Champagnerflasche das schlichte Wort „Pisse". Dieses unverkäufliche Fläschchen wird sich der Chef darauf wohl nur mit gemischten Gefühlen genehmigen können.

In größeren Kaufhäusern wirkt die Rache des einzelnen indessen sehr rasch
blindwütig, da aufgrund des anonymen
Getriebes nur selten auch der Richtige

> Rächerhände
> beschmieren Tisch
> und Wände

getroffen wird. Blindwütige Rache aber ist ebenso ge-
schmacklos wie Junk-food und eines kultivierten Rächers
unwürdig. Dementsprechend sollten wir unsere Rache so
ausgestalten, daß Sie auch einen Goliath ein kleines bißchen
beeindruckt, daß heißt ein Beben verursacht, das auch in
der Geschäftsführung noch wahrgenommen wird. Von er-
wähnenswerter Kreativität fand ich folgenden Spruch, den
ich an der Wand der Kundentoilette eines Kaufhauses prangen sah: „Wir sind ein Scheißladen. Beliefern auch Sie uns!"
Allerdings empfand ich die Wahl der Örtlichkeit, in der sich
der Rächer kundtat, etwas kleinkariert. Wesentlich ein-
drucksvoller dürften Aufkleber mit der Aufschrift „Schlechte Ware für gutes Geld!" sein, die Sie klammheimlich auf
den Auszeichnungsetiketten hinterlassen. Noch beeindruk-
kender ist allerdings die Plazierung eines entsprechenden
Plakats am Schaufenster oder innerhalb des Ladens. Freilich
muß die beste Gelegenheit hierzu von Ihnen mit Bedacht
ausgespäht werden.

Sehr reizvoll für eine verletzte Seele ist
es auch, den Barcodeaufdruck für die
Lesepistole der Kasse zu verfälschen.
Die simpelste Methode besteht darin,

> Barcodes, oder wie
> kleine Striche Ärger
> bereiten

den Scannerbalken des Etiketts um einen weiteren senkrech-
ten Strich zu ergänzen. Entweder liest die Kasse darauf den
Artikel nicht ein oder registriert ihn als einen anderen. Mit
einem kleinen unauffälligen Bleistift in der Hand können
Sie hier für lang anhaltende Verwirrung sorgen. Eine andere
Möglichkeit ist dem betrügerischen Umetikettieren entlehnt.
Allerdings sollten Sie die Ware nicht verbilligen, damit
wecken Sie nämlich nur die niederen Instinkte Ihrer Mit-

bürger, die einen solchen Fehler meistens nicht reklamieren. Nein, verteuern Sie die Ware, und Sie sorgen für den gewünschten Trubel. Hierfür vervielfältigen Sie an einem Fotokopierer den Aufkleber eines teureren Produktes, und für andauernden Ärger an der Kasse ist gesorgt. Am besten wählen Sie hierfür ein gleichartiges Produkt aus, wodurch die Verwirrung noch größer und anhaltender sein wird.

| Als Rächer im |
| Einkaufszentrum |

Beim Einkauf in den Konsumtempeln auf der grünen Wiese sieht man meist außer den Kassiererinnen keine Menschenseele mehr, die man zum Personal rechnen kann. Im ersten Moment mag sich dabei mancher denken, daß man somit auch jeder Unbill von vornherein aus dem Wege geht und folglich auch gar keine Rachegefühle entstehen könnten. Doch weit gefehlt. Wer seinen Einkaufswagen nicht nur mit Konserven vollpacken möchte, sondern sich auch nur ein Minimum an Service darüber hinaus vorstellt und sei es etwa nur die Auskunft, wann das Produkt X wieder erhältlich ist, der wird unausweichlich die Schar der Rachedurstigen vermehren. Daß Sie in einer solchen Situation Ihren vollgepackten Einkaufswagen einfach stehenlassen und das Weite suchen, ist beinahe selbstverständlich. Viel amüsanter für Sie dürfte es jedoch werden, wenn Sie mit Ihrem Einkaufswagen an die Kasse spazieren und nachdem alles eingetippt ist, schamvoll errötend feststellen, daß Sie Ihren Geldbeutel im Wagen gelassen haben. Suchen Sie hierauf das Weite, werden Sie sich schon um ein gutes Stück leichter fühlen.

Der mittlerweile landauf, landab durchgesetzte Brauch, den Kunden um einer schnöden Mark willen, mit der allein sich das Schloß eines Einkaufswagens öffnen läßt, zur Ordnung zu zwingen, sorgt ebenfalls zur Entwicklung berechtigter Haßgefühle; vor allem dann, wenn man kein Markstück im Geldbeutel hat. Bei Franziska, die sich selbst als

Freigeist bezeichnet und der jede verordnete Reglementierung ein Greuel ist, ging der Zorn darüber so weit, daß sie sich eines Tages entschloß, in einer schönen Mondnacht mit einem Eimer alten Friteusenfetts vor die Stadt zu schleichen und damit die Griffe der vor dem Einkaufscenter abgestellten Einkaufswagen zu bestreichen. Dabei wurde sie während ihrer bösen Tat vom Nachtwächter überrascht und mußte schleunigst Fersengeld geben. Doch Franziska gab nicht auf und ersann sich eine unauffälligere, dafür aber auch weit wirksamere Methode, ihre Frustration abzubauen. Überall dort, wo sie mit den ihr verhaßten verriegelten Einkaufswagen konfrontiert wird, greift sie mittlerweile zu Sekundenkleber und Plastikchip. Ein Spritzer Sekundenkleber in die Münzmulde der Entriegelung und den Plastikchip aufgedrückt, und schon sind die schön aufgereihten Einkaufswagen für eine Weile ihrer Bestimmung entzogen. Wollen Sie es Franziska gleichtun, sollten Sie nicht den vordersten Wagen blockieren, sondern den dritt- oder viertletzten; hierdurch halten Sie sich den Rücken frei und können sich unauffällig verdrücken.

Der vorerwähnte Trick mit dem alten Friteusenfett wird übrigens nach meiner Beobachtung überwiegend von Ladeninhabern geschätzt, vor deren Geschäft eine zum Verweilen einladende Begrenzungsstange montiert ist. Vor allem Jugendliche mögen es, sich darauf wie die Spatzen auf dem Telegrafendraht aufzureihen. Manche borniertien Händler wähnen darin eine Störung ihres Geschäftsbetriebes und streichen daher die Stange mit altem Fett ein. Ein folgenreicher Fehler, sobald sie damit an den Falschen geraten. So hörte ich über fünf Ecken von Alexander, der sich auf diese Weise zu zwei neuen Anzügen verhalf, indem er sich ganz bewußt in die Schmiere setzte.

Kleine Tips für Tante
Emmas Rächer

Der Kunde war zwar auch bei Tante Emma nicht immer König, doch sofern sich die eingeschlagene Entwicklung bei den Supermärkten fortsetzt, dürfen wir als Kunden demnächst wohl noch die Regale selbst auffüllen. Andererseits eröffnen die zu Lasten der Kunden vorgenommenen Rationalisierungen ihrerseits ungeahnte Möglichkeiten fein abgestufter Vergeltungsmaßnahmen. Etwas unfair, weil eine Mordsschweinerei verursachend, ist die Rückgabe von vollen Flaschen in einen Leergutautomaten. Daß die Flaschen hierzu ohne Umweg über die Kasse aus dem Regal des Händlers genommen werden, ist ja noch eine verzeihliche Sünde. Aber sobald Sie einmal den Geruch und den Dreck mitbekommen haben, wenn nach einem vollen Joghurtglas eine Malzbierflasche im Flaschenkeller zerschellt, werden Sie diese Form der Rache nur unter der Rubrik „Verschärftes" führen wollen. (Übrigens zerschellen volle Flaschen in Rückgabeautomaten im Gegensatz zu Leergut aufgrund ihrer höheren Aufprallenergie.)

Wer am Gemüsestand mit Selbsteinwaage beobachtet, wie manche Kunden eine Steige Obst erst mit dem Daumen durchdrücken, ehe sie einen Apfel und eine Tomate eintüten, der muß einfach Lust verspüren, dies in verdichteter Form nachzuäffen. Zerquetschen Sie mit kindlicher Wonne eine Tomate über der Champignonauslage oder zerdrücken Sie eine überreife Banane auf der Waage, und das Image des verhaßten Ladens paßt sich Ihrer Auffassung an. Tierfreunde hingegen setzen eher darauf, ein paar Schnecken einzusammeln und sie alsdann auf den Salat zu setzen. Insbesondere naturentwöhnte Städter reagieren darauf mit heller Aufregung.

Auch das Umsortieren von Ware sorgt für gereizte Stimmung unter dem Personal. Kenner verwenden hierzu bevorzugt Harzer Käse. Nehmen Sie ihn aus der Kühlung, und deponieren Sie ihn hinter der Schokolade. Schon nach wenigen Tagen wird es dort so unangenehm riechen, daß den Schleckermäulern unter der Kundschaft der Appetit vergeht.

Beliebt ist auch die Blockade der Kasse zu den Hauptgeschäftszeiten. Hierfür müssen Sie nur „vergessen", das eingekaufte Gemüse abzuwiegen. Auch die plötzliche Eingebung beim Abkassieren „Ich habe die Butter vergessen, ich hole sie schnell noch." sorgt für Laune in der Schlange nach Ihnen. Klar, daß sich dieser Mißmut auch auf die Kassiererin überträgt, die Sie mit Ihrer Rache strafen wollen. Zu guter Letzt seien Sie noch ganz besonders freundlich, und bemühen Sie sich in umständlicher Weise, das Kleingeld auf den Pfennig genau abzuzählen. Das nervöse Zucken der Kassiererin sollte Sie dabei keinesfalls irritieren. Und wenn Sie am Ende feststellen, daß Sie den geforderten Betrag doch nicht zusammenkratzen können, ziehen Sie mit Dakkelblick den größten Schein, den Sie in Ihrer Börse haben. Überhaupt bereitet es in manchen Läden einem notorischen Rächer immer wieder Vergnügen, eine Semmel oder ein Päckchen Kaugummi mit einem 1000-Mark-Schein zu bezahlen.

Der böse Nachbar

„Es kann der Brävste nicht in Ruhe Leben, wenn es dem bösen Nachbarn nicht gefällt." Wie so viele Volksweisheiten, so hat auch dieses geflügelte Wort seine zwei Seiten. Streit unter Nachbarn gibt es seit Menschengedenken, und in vielen Fällen hat ein jeder seinen Teil dazu beigetragen, damit aus einem schwelenden Zwist eine flammende Feindschaft werden konnte. Andererseits gibt es auch Zeitgenossen, die sich in schier wahnhafter Weise mit Ihren Nachbarn anlegen und sie wann immer möglich schikanieren. So geisterte vor einiger Zeit die Geschichte eines solch paranoiden Mitmenschen durch die Presse, der aus unerfindlichen Gründen seinem in einer Reihenhaussiedlung neu hinzugezogenen Nachbarn mit beispielloser Niedertracht das Leben zur Hölle machte. Als Glanzstück seiner Gemeinheit ersann sich der Gute eine perfide Lärmquelle. Dazu stemmte er in die Brandmauer, die beide Anwesen voneinander trennte, eine Nische, in die er einen leistungsstarken Lautsprecher installierte. Zu unterschiedlichen Zeiten schickte er darauf ein Höllenkonzert ins feindliche Gemäuer. Sich selbst verschonte er von dem Lärm durch eine gekonnte Schallisolation. Anfänglich wehrte sich die angegriffene Familie noch per Anwalt und Gericht; nachdem sich der liebe Nachbar jedoch davon völlig unbeeindruckt zeigte, zog sie schließlich resigniert von dannen.

Die Gründe, warum ein Nachbar unsere Rachsucht herausfordert, sind höchst unterschiedlich. Höchst selten ist es wie im erwähnten Beispiel seine bloße Anwesenheit, die uns den Hals anschwellen läßt. Schließlich sind wir gemeinhin doch so weit gesellschaftsfähig, daß wir jemanden erdulden, den wir partout nicht riechen können. Man geht sich aus dem Weg und damit basta. Doch wehe, der Ungeliebte erlaubt es sich, unsere gewohnten Kreise zu stören, dann können wir uns schon dabei ertappen, wie wir darüber nachdenken, mit welchem Stein wir am besten seine Fenster einwerfen. Viel häufiger wird uns allerdings der Nachbar erst zum Feind, nachdem man sich nach anfänglicher Freundschaft voneinander entfremdet. Auch eigentümliche Verhaltensweisen oder vermeintlich üble Nachreden werden leicht zum Auslöser einer herzhaften Feindschaft. Ein falsch verstandenes Wort beim Tratsch im Treppenhaus kann hierfür bereits genügen.

Ein beispielhafter Fall für die sich wandelnde Atmosphäre innerhalb einer Hausgemeinschaft ist die Geschichte

> Laßt Lautsprecher sprechen!

von Sophie, die ihre Mitmieter mit völlig anderen Augen sah, nachdem sie in Rente ging. Sophie freute sich richtig darauf, endlich ihre Wohnung zu renovieren und sich ein gemütliches Nest einzurichten, in dem sie ihre alten Tage genießen wollte. Doch zu ihrem Entsetzen entpuppte sich ihre Nachbarschaft unversehens als eine Horde unappetitlicher Spießer, was ihr in ihrer zuvor knapp bemessenen Freizeit nicht aufgefallen war. Ihr ganz besonderer Unwillen galt einem parterre wohnenden Rentner, der jeden sonnigen Tag in seinem Vorgarten verbrachte. Im zerschlissenen Unterhemd und speckigen Shorts, die seine Männlichkeit nur knapp verhüllten, war er mit seiner fahlen, behaarten Fettleibigkeit alles andere als ein schmeichelnder, das weibliche Auge verwöhnender Anblick. Zudem versüßte er sich seinen Aufenthalt an der frischen Luft mit Volksmusik von der Marke „Hinterwäldlers Herzblut“, dazu rauchte er billige stinkende Stumpenabschnitte. Mit ihrer Abneigung gegen den Widerling stieß Sophie allerdings bei ihren übrigen Nachbarn auf keine Gegenliebe. Man fand den alten Herrn ganz nett und erfreute sich mit ihm an seiner „heiteren“

Musik. Also schritt Sophie zur Tat, und wann immer aus dem Garten Volksmusik ertönte, stellte Sophie ihren Gettoblaster ins Fenster und konterte mit ihrer Lieblingsmusik aus vergangener Hippiezeit. Damit löste sie im Hause eine Eiszeit aus und fand sich hinfort nur noch von Feinden umstellt, derweil die feindliche Beschallung unverdrossen weiterging. Wobei beide Seiten nach und nach aufzurüsten begannen. Dabei verlegte man sich smarterweise nicht auf Phonstärke, sondern auf eine das jeweils feindliche Ohr reizende extreme Musikauswahl. So tönt mittlerweile bei jedem Sonnenschein aus dem Garten schmetternde Marschmusik, während Sophie sich mit Technoklängen anfreundete und damit angemessen dagegenschallt.

Wie man seinen Feind umlärmt

Lärmbelästigung ist nicht abhängig von der Lautstärke, sondern von dem, was man als störendes Geräusch empfindet. Der tropfende Wasserhahn, der einen zum Wahnsinn treiben kann, ist ein beredtes Zeugnis dafür. Wollen Sie beispielsweise Ihren benachbarten Feind zu einem gehörigen Streit vor Ihre Wohnungstür locken, müssen Sie nur eine rockige Scheibe auflegen und die Bässe Ihrer Stereoanlage voll aufdrehen. Zimmerlautstärke genügt bereits, damit die dunklen Töne Wände und Decken vibrieren lassen. Zum kleinlichen Streit haben Sie darauf Grund genug; denn wer will es sich schon verbieten lassen, seine Lieblingsschlager in einer solch moderaten Lautstärke zu hören.

In hellhörigen Häusern kann man seine Mitbewohner auch zur Verzweiflung bringen, indem man ein und dasselbe Lied immer wieder abnudelt. Legen Sie beispielsweise in der Adventszeit eine Scheibe Weihnachtslieder auf. Mit der Wiederholungstaste Ihres CD-Spielers können Sie dann Ihrem bösen Nachbarn „Oh Tannenbaum, oh Tannenbaum" stundenlang ein ums andere Mal vordudeln. Ich hatte mal eine Nachbarin, die sich dies freiwillig antat. Sie konnte dabei ihre Musikanlage so leise stellen, wie sie wollte, ich hörte mit. Ohne Ohropax hätte ich diese Zeit wohl nicht überlebt. Damit Sie sich selbst nicht dieser Form der Gehirnwäsche aussetzen müssen, verlassen Sie nach der Programmierung Ihres CD-Spielers Ihre Wohnung zu einem längeren Spaziergang. Achten Sie zuvor bei der Wahl der Phonstärke sorgsam darauf, daß Ihr Nachbar in jedem Falle mithören muß, sich aber nicht über zu laute Musik beschweren kann. Überhaupt wahren Sie mit Liedern, die dem Jahreslauf entsprechen, nicht nur das Brauchtum, sondern auch die Feindschaft. Der aktuelle Karneval-Hit bis zum Überdruß wiederholt, vermiest auch dem eingefleischtesten Jecken die Faschingslaune. Und mit der pausenlosen Wiederholung seines Vereinsliedes machen Sie über kurz oder lang jeden Fußballfan seinem Club abspenstig.

Mit einer Schlagbohrmaschine lassen sich die Nerven der Mitbewohner auch aufs feinste strapazieren. Allerdings ist dies eine Maßnahme, der man nur bei wirklichem Renovierungsbedarf frönen sollte; andernfalls würden Ihre Wände schon nach kurzer Zeit wie ein Schweizer Käse durchlöchert sein. Die großzügige Auslegung der Hausordnung sollte bei solchem Vorgehen selbstverständlich sein. Denn nichts erregt Ihren Widersacher mehr, als wenn Sie abends um Viertel nach sechs einen Dübel in die Wand bohren. Schließlich handelt es sich dabei gerade um jene Spanne, die jedes ordnungsliebende Herz empört: „Wie kann man nur um diese Zeit noch bohren!" Andererseits bewahren Sie mit Ihrer Ruhestörung gerade noch die Schamfrist, die Ihren Feind in seinem Sessel hält, statt sich zu beschweren. Wer will sich schon gerne einen Kleingeist zeihen lassen. Sie können das Dröhnen einer Schlagbohrmaschine natürlich auch auf Tonband aufnehmen und zur gegebenen Zeit – je nach Grad der Abneigung – wiederholt abspielen ...

Ein weitaus passableres Rezept zur gegnerischen Ruhestörung als eine Schlagbohrmaschine verriet mir ausgerechnet ein Hausverwalter, der damit in seiner Praxis konfrontiert wurde. Ein geplagter Hausbewohner beschwerte sich bei ihm, daß sein Nachbar schon über Monate hinweg tagtäglich von fünf vor sechs bis fünf nach sechs Nägel in die Wand schlüge. Als er anläßlich einer Wohnungsbesichtigung der Sache auf den Grund gehen wollte, fand er in der betreffenden Wand keinen einzigen Nagel. Dafür war von dem rachesüchtigen Mieter eine kleine Bohle an die Wand geschraubt worden, die von Hammereinschlägen übersät war.

Daß man beim Aushecken rachsüchtiger Mittel auch von Kinderstreichen lernen kann, dürfte eigentlich auf der Hand liegen. In einer holländischen Zeitung las ich einmal, wie Jugendliche in einem Dorf ihre Nachbarn auf die Palme trieben, indem sie per Fernbedienung ihre auf Stand-by geschalteten Fernseher aktivierten und mit voller Lautstärke losdröhnen ließen, so daß die Scheiben klirrten. Für diese kleine Bosheit benötigen Sie lediglich eine für mehrere Fabrikate einsetzbare Fernbedienung, wobei Ihr Nachbar möglichst keine Isolierglasfenster haben sollte, damit Sie nicht zu nahe an die Scheiben treten müssen.

Kleine Rüpeleien erhalten die Feindschaft

Kleine Regelverletzungen unterlaufen einem jeden von uns und nötigen uns ein ums andre Mal, uns zu entschuldigen. Für einen phantasievollen Rächer können sie indes das Mittel der Wahl sein, um seinen Widersacher anhaltend unterhalb jener Reizschwelle zu drangsalieren, überhalb der er zum Gegenschlag ausholen würde. Schütteln Sie Ihre Bettwäsche von Ihrem Balkon aus, während Ihr ungeliebter Nachbar darunter beim Frühstück sitzt. Sein unwilliges Gebrumm wird er auf eine süß gesäuselte Entschuldigung ebenso hinunterschlucken müssen wie ein unentdecktes Schamhaar auf seiner frisch gestrichenen Semmel. Ein noch härteres Geschütz stellt ein „achtlos"

übers Balkongeländer ausgeschüttelter Teppich oder Fußabstreifer dar. Die anschließende Entschuldigung sollte Ihnen
schon ein Pfund Kaffee wert sein. Auch reichlich übergossene Blumenkästen sorgen an sonnigen Tagen für dauerhaf-
ten Mißmut beim Widersacher eine Etage tiefer; die Entschuldigung dafür geht statt dessen flugs über die Lippen.
Verstellte Hauseingänge, offene Kellertüren, zugeparkte
Einfahrten oder mitternächtlich ausgelöste Fehlalarme an
Einbruchsicherungen machen Sie ebensowenig bei Ihrem
Nachbarn beliebt. Ein reizendes, um Verzeihung heischen-
des Lächeln aber zwingt ihn, seinen Groll für sich zu behalten.

Eine besonders krasse Rüpelei ist eine „versehentlich"
überlaufende Badewanne oder ein gebrochener Zulaufschlauch zur Waschmaschine. Für diesen Fall sollten Sie
freilich eine Haftpflichtversicherung abgeschlossen und sich
zudem die Renovierung Ihrer eigenen Wohnung schon fest
vorgenommen haben. Lassen Sie die Wanne ein, und verrat-
schen Sie sich darauf am Telefon, bis Ihnen das Wasser um
die Füße fließt. Beim brüchigen Zulaufschlauch dürfen Sie
sogar die Wohnung zu einem kleinen Einkauf verlassen. Ihr
unterer Nachbar wird Ihnen diesen Anschlag mit einer To-
talrenovierung danken.

Die Scheu, seinem Nachbarn als Rivale
offen gegenüberzutreten, ist verständlich, schließlich muß man damit rechnen, mit seinen boshaften Rachegelü-

| Kleine
| Schändlichkeiten
| unter Hausfeinden |

sten an den Pranger gestellt zu werden und sich darauf in
der näheren Umgebung unmöglich zu machen. Deshalb laufen nachbarschaftliche Fehden eher unter Hand ab, und ihr
Verursacher ist meist nicht auszumachen. Andererseits erhalten solch verborgene Attacken ihren zusätzlichen Reiz
dadurch, daß sie zum allgemeinen Nachbarschaftstratsch
beitragen. So erfahren Sie von der Wirkung Ihres malefiden

Tuns und dürfen neben ehrlich gemimter Entrüstung auch noch boshafte Anspielungen nach dem Motto „Kein Rauch ohne Feuer" gegen Ihren Feind vortragen. In dieser Weise können Sie vortrefflich neben dem Schaden auch noch für den Spott über Ihren Feind sorgen.

Auch für die kleinen Schurkereien, mit denen man einem Ekel in unmittelbarer Nachbarschaft nachstellt, gilt, was Sie für jeden gut geplanten Rachefeldzug beachten sollten:

Steigern Sie Ihre Rache ganz allmählich, und heben Sie sich die schönsten Gemeinheiten für das Finale auf!

Die Zeitung, ein allmorgendliches Mißvergnügen

Beginnen Sie mit kleinen Widrigkeiten, die Sie quasi mit einem Handgriff aus dem Stegreif heraus inszenieren können. Eine gute Gelegenheit hierfür bietet Frühaufstehern die Morgenzeitung, die der Zeitungsausträger im Briefkasten oder vor der Tür Ihres Feindes hinterläßt. Die primitivste Methode ist dabei der Zeitungsklau. Zwar ist eine gestohlene Zeitung für den Abonnenten ein steter Quell des Ärgernis, doch fehlt solcher Unzuträglichkeit das erkennbare Element der Rache. Für Ihren Gegner mag solches Geschehen nur ein Beweis für den zunehmenden Verfall der Sitten sein, aber daß er persönlich attackiert wird, muß er daraus nicht herauslesen. Zudem sollten wir uns als Rächer nicht an unserem Feind bereichern; schließlich wollen wir nicht sein Gut, sondern seinen Gram genießen. Schreiben Sie ihm indes auf die Titelseite als Morgengruß: „Guten Morgen, Du Idiot!", können Sie sich gewiß sein, daß er sein Frühstücksei ordentlich köpfen wird. Auch die Ergänzung der Werbebeilagen um eine Scheibe alten Schinken zeigt Ihrem Gegner deutlich, daß es sich um keinen Zufall, sondern um wahre Rachegelüste handelt und er sich auf weiteren Verdruß einstellen sollte. Einer härteren Gangart entspräche es, dem Widersacher Mottenlarven oder Floheier zwischen die Seiten seines abonnierten Leib- und Magenblattes zu schmuggeln. Als Fischfutter können Sie dieserart Schmuggelware ganz unverdächtig in jeder Zoohandlung erwerben. Den Erfolg Ihres Tuns dürfen Sie alsbald später mit dem Besuch des Kammerjägers im feindlichen Zuhause feiern.

Auch durch eine unerwünschte Zeitschriftenspende können Sie Ihren Feind in Verlegenheit bringen. Stecken Sie ihm etwa gut sichtbar die „Nationalzeitung" in den Briefkasten oder legen Sie sie ihm zu seiner Morgenzeitung vor die Haustür wird ihm um seinen guten Ruf im Hause bange werden. Auch eine jener Schmuddelzeitungen, die Mann lieber am Bahnhofskiosk kauft als beim Zeitungshändler an der Ecke, zur Morgenpost in den Briefkastenschlitz geklemmt, läßt Ihren Feind ungewollt erröten und eine Zeitlang mit gesenktem Kopf durchs Treppenhaus schleichen. Besonders wirkungsvoll gestalten Sie solche zweifelhaften Geschenke, indem Sie sie mit einem Abonnementaufkleber schmücken. Ein solcher Aufkleber läßt sich per Computer problemlos ziemlich authentisch herstellen. Womöglich verstricken Sie dadurch den lieben Nachbarn noch in eine sinnlose Korrespondenz mit dem Versand des Verlages über das unerbetene Abonnement.

Da wir mit einem Widerling als Nachbarn kaum jenen Umgang pflegen, bei dem wir uns als Gast in seinen vier

> Der Briefkasten als Tür zum Feind

Wänden wiedersehen, bleibt meist nur der Briefkasten, um direkt auf seine Privatsphäre einzuwirken. Lassen Sie bei einem leicht hysterischen Zeitgenossen eine Maus durch den Briefkastenschlitz gleiten, und der tägliche Blick nach der Post erhält für ihn in Zukunft traumatische Züge. Tierschützer würden sich über eine solche Fiesheit zusätzlich empören, deshalb sollten Sie wenigstens das Mäuslein nicht leiden lassen und es gut mit Futter versorgen. Die Reinigung des Kastens vom Mäusedreck ist dabei ein weiteres Opfer, daß Sie Ihrem Feind abnötigen.

Auch bietet sich der Briefkasten Ihres Feindes als Abfalleimer für allerlei Kleinmüll an. Ein Apfelbutzen oder ausgekauter Kaugummi, eine leere Zigarettenschachtel oder eine alte Zeitung sind darin schnell entsorgt und eine Quelle fortgesetzten Ärgernisses und Ekels auf seiten Ihres Widersachers. Sofern es sich bei ihm um einen standhaften Gegner von Hauswurfsendungen handelt, der seinen Briefkasten mit einem Aufkleber „Keine Werbung!" verziert hat, sollten Sie dies als Aufforderung auffassen, ihn mit Werbebroschüren vollzustopfen. Und da hinter einer solchen Werbung bannenden Schrift meist ein Prinzipienreiter steht, können Sie fast sicher sein, daß Sie damit für reichlich Gallenfluß bei Ihrem Feind sorgen. Womöglich läßt er sich noch in fruchtlose und nervenaufreibende Auseinandersetzungen mit den Adressanten der Werbebroschüren ein. Sobald er aber sein Bannschild durch ein größeres und massiveres austauscht, wissen Sie, daß Sie auf den richtigen Knopf gedrückt haben, und sollten seinen Briefkasten weiterhin mit unerwünschten Hauswurfsendungen füttern.

Zu den bösartigeren Gehässigkeiten zählt eine Vorgehensweise, die mir Robert, ein guter Bekannter, einst empfohlen hatte. So pflegte er die Briefkästen von unliebsamen Nachbarn zu versiegeln, indem er zu mitternächtlicher Stunde eine Plastiktüte mit Spachtelmasse anrührte. Den noch flüssigen Brei schob er samt der Tüte in den Briefkasten seines Feindes, damit er in dieser Weise zusammengehalten bis zum Morgen aushärten konnte. Und es war Robert ein stilles Vergnügen, den von ihm solcherart Beglückten anderntags mit Hammer und Meisel bewaffnet schwitzend und fluchend beim Ausstemmen seines verkleisterten Briefkastens zu beobachten. Wobei er dessen schwellenden Zorn noch mit rachetriefenden Reden anheizte.

Von gleicher Quelle stammen übrigens die nachfolgenden Rezepte, wie man mit seiner Rache die Nachbarschaft peinigen kann. Wobei ich ehrlicherweise gestehen muß, daß Robert ein Querulant war, der es sich mit jedem zu verderben wußte, so daß er über mangelnde Feindschaft nicht klagen mußte. Gleichwohl war er als unheimlicher Rächer ein wahrer Ausbund an Phantasie.

Ein verzogener Fußabstreifer, mal mit einem schnellen Tritt in den Hausflur geschoben, mal mit dem des Nachbarn

> Angriffsfläche
> Haustüre

ausgetauscht, zählte für Robert zu den unabdingbaren Racheritualen. Wobei Sie es kaum glauben werden, welch brodelnde Haßgefühle eine solch kleine Schikane beim Betroffenen auslösen kann.

Auch ein ins Türschloß geschobener Tapetennagel zählte zu Roberts Standardrepertoire. Gerade weil ein solcher Nagel sehr fein und leicht brüchig ist, läßt er sich einerseits schnell und geräuschlos plazieren, während er andererseits meist solchen Schaden anrichtet, daß das Türschloß ausgetauscht werden muß.

Fulminant war indes Roberts Rachefeldzug gegen eine Nachbarin, einen neugierigen Putzteufel, die hinter seinem Rücken üble Gerüchte über ihn in der Nachbarschaft verbreitete. Mit Genuß ließ er sich beispielsweise vor ihrer Haustür auf einen Schwatz ein, bei dem er geschickt das Gespräch auf seine Feindin lenkte, um dann ungezügelt über sie vom Leder zu ziehen. Von Mal zu Mal schwärzte er ihren Spion und verbarg so ihrem neugierigem Auge das aufregende Geschehen im Treppenhaus. Einmal verband er zusätzlich mit einem starken Strick ihren Türknauf mit dem Treppengeländer und läutete anschließend Sturm. Das Gezetter seines eingeschlossenen Opfers, das daraufhin losbrach, war geradezu mörderisch. Ein andermal tauchte er ein paar alte Damenschuhe in Wandfarbe und lief damit von der Wohnungstür seiner Feindin aus in den Keller. Als diese mit hochrotem Kopf seine Spur von den Stiegen kratzte, versäumte er es nicht, sich lauthals über die angerichtete Sauerei zu mokieren. Worauf die Gute einem Nervenzusammenbruch nahe war. Langfristiger war indes seine Strategie, als er auf die Idee kam, das Klingelschild seiner Nachbarin abzuschrauben. Nachdem es ersetzt war, entfernte er es gut einen Monat später erneut. Schließlich tauschte er das wiederum ersetzte Klingelschild nach einer guten Weile gegen ein neues Schild aus, auf dem schlicht und einfach das Wort „Idiot" stand. Über mehrere Wochen erfreute er sich seiner bösen Tat, bis seine Nachbarin endlich diesen Streich entdeckte.

Böse Kellergeister, oder wie der eigene Schaden heiligt

Brisant wurden Roberts Attacken, als er eines Tages seiner Nachbarin den Zutritt zu ihrem Kellerabteil versperrte. Dazu hängte er schlicht und einfach ein zweites Vorhängeschloß in den Riegel und hatte damit seine Feindin von ihren Vorräten ausgesperrt. Doch hatte Robert sich sein Vorgehen zeitlich schlecht eingeteilt, so daß er in akuten Tatverdacht geriet. Dementsprechend schlug ihm eine bedrohliche Stimmung im Haus entgegen. Doch Robert verstand es geschickt, sich von jedem Verdacht rein zu waschen. Am übernächsten Tag schlich er sich in den Fahrradkeller und demontierte das Fahrrad seiner Feindin. Gleichzeitig aber zerlegte er auch sein Fahrrad und das eines weiteren Nachbarn. Die Rahmen und Reifen verband er sodann unauflöslich mit stabilen Fahrradschlössern. In dieser Weise selbst geschädigt, fand sich Robert im Bunde mit seiner Feindin wieder. Und beim gemeinsamen Klagelied muß ihn wohl die Friedseligkeit übermannt haben, jedenfalls beschloß er, seinen Rachefeldzug zu beenden. Damit aber auch nicht der Funke eines Verdachtes auf ihm zurückbleiben sollte, mußte er zum guten Ende seine Nachbarin noch ein wenig drangsalieren.

Zu diesem Zweck verfiel Robert auf eine recht unappetitliche Idee, indem er einen weiteren Anschlag auf den Rein-

> Wenn der Müllmann
> kommt

lichkeitssinn seiner Noch-Feindin verübte. Hierfür sammelte er unverwechselbare Stücke aus dem Müll seiner Nachbarin und verstreute sie auf der Stiege, worauf sie sich dem unwilligen Geraune der Hausgemeinschaft ausgesetzt sah, die ihr mittlerweile das ominöse Gerede vom bösen Feind nicht mehr glauben wollte. Als sie als Reaktion darauf beinahe panisch in einen Kurzurlaub floh, stellte Robert ihr einen schön präparierten Müllsack vor die Türe, der alsbald mit seinem Gestank das Treppenhaus füllte. Kaum vom Urlaub zurück war seine Nachbarin, nachdem ihr dieser Anschlag als ihr Versäumnis vom Hausmeister vorgehalten wurde, eigentlich schon wieder urlaubsreif.

Im übrigen liebte es Robert, über so manche möglichen Attacken zu plauschen, wobei er sich streckenweise ins Absurde verstieg, andererseits aber auch eine solch plastische Phantasie entwickelte, daß ich bisweilen zu glauben bereit war, daß er nicht nur so vor sich hinspann, sondern Streiche aus seinem wahren Leben zum Besten gab. So traute ich ihm durchaus zu, daß er sich hin und wieder im Namen eines Mitmieters in unsinniger Weise bei der Hausverwaltung beschwerte, um ihm Probleme zu bereiten. Andererseits bin ich geneigt, seine Erzählung, wie er nächtens das Schlafzimmerfenster eines Nachbarn einschlug, für einen abwegigen Ausfluß seiner Phantasie zu halten. Schließlich sollte diese Attacke mit einem mittels einer Stange verlängerten Vorschlaghammer zwischen dem vierten und fünften Stock geschehen sein. Obwohl, bei Robert schien mir so manches Unmögliche als möglich ...

Ein Oberblockwart als Hausmeister

Hausmeister haben eigentlich eine bedauernswerte Stellung. Stehen sie doch mitten zwischen den Fronten von Mieter und Hausverwaltung. Mal sollen sie Anordnungen der Hausverwaltung vollstrecken und drangsalieren hierdurch womöglich die Mieter, mal sollen sie als Schlichter zwischen den Mietern fungieren und Botschaften wie „Waschen Sie bitte nicht mehr nach Mitternacht!" einzelnen Parteien vermitteln. Entsprechend leicht setzen sie sich in die Nesseln und werden dementsprechend angegiftet. Allerdings gibt es auch eine Kategorie von Hausmeistern, die sich als Oberblockwarte aufführen; und wenn sie nicht gerade einen einzelnen Mieter schurigeln können, bepflastern sie Haus und Hof mit aberwitzigen Zetteln wie „Tür mit der Hand schließen!" oder „Nach 22 Uhr keinen Müll mehr einwerfen!".

Falls Sie es mit einer solchen Spezies von Hausmeister zu tun haben, können Sie ihn gewiß mit der einen oder anderen zuvor beschriebenen Attacke treffen. Viel amüsanter ist es jedoch, einen so gearteten Aufpasser mit seinen eigenen Waffen zu schlagen. In einem Fall konnte ich beobachten, wie ein solcher Blockwart zurechtgestutzt wurde. Eines Tages tauchten im ganzen Haus Zettel auf, auf denen stand: „Wer das liest, ist blöd! Der Hausmeister". Natürlich waren diese Zettel bis auf wenige versteckte am Abend allesamt von den Wänden genommen. Dafür hing am nächsten Morgen ein Rundschreiben an die verehrte Mieterschaft am Schwarzen Brett. Darin bekundete der Hausmeister, daß besagte Zettel nicht von ihm seien und, sollten sie nochmals auftauchen, nicht zu beachten wären. Selbstverständlich war dieser Brief eine Fälschung, dennoch entsprach er ganz und gar dem Kleingeist des Hauswarts; und keiner im Hause wollte ihm so richtig abnehmen, daß er diesen Schwachsinn nicht selbst verfaßt hätte. Er wurde zum Gespött des Stiegenschwatzes. Als wenige Tage später seine verbliebene

Zettelwirtschaft mit einem Stempel „Wer das liest, ist blöd!" verziert wurde, war der stramme Oberblockwart ein gebrochener Mann und seine Zettelei verschwand auf immer.

Leicht ist es als Mieter, einen unbilligen oder raffgierigen Vermieter das Fürchten zu lehren. Darum sind die meisten Vermieter froh, wenn sie von

> Mieter und Vermieter, eine natürliche Feindschaft

ihren Mietern in Ruhe gelassen werden und allmonatlich ihren Zins auf dem Konto haben. Gleichwohl gibt es nicht wenige Vermieter, die sich aufs beste darauf verstehen, sich ihre Mieter zum Feind zu machen. So bat mich Serafina, eine gute Freundin, die sich einem solchen Vermieter ausgesetzt sah, um Rat. Ihr war leicht zu raten. Ich empfahl ihr, sich eine Fibel über die Rechte des Mieters beim Mieterverein zu besorgen und sie sorgsam zu studieren. Sie tat es und fand genügend Gründe, um ihre Miete um einen erklecklichen Prozentsatz zu reduzieren. Die anschließende Auseinandersetzung kostete sie zwar einige freie Stunden, ihrem Vermieter aber bescherte sie neben grauen Haaren auch ein erhebliches Loch in seinem Geldbeutel. Denn Serafina hatte sich nur auf solche Punkte kapriziert, die niet- und nagelfest waren und dementsprechend vor Gericht standhielten.

Die schlechteren Karten hat man als Mieter hingegen oft beim Streit um die Kaution, der dem Auszug aus der alten Wohnung häufig auf dem Fuße folgt. Sofern die Forderungen des Vermieters berechtigt sind, mag man, wenn auch widerwillig, durchaus bereit sein, in den sauren Apfel zu beißen. Freilich mögen einem gelegentlich manche Nachforderungen der Vermieter wie Räuberei anmuten. Zu solchen Kautionsbetrügern verbindet einen dann eine herzliche Feindschaft. Wohl dem, der sich für einen solchen Fall einen Schlüssel zur alten Heimstatt behalten hat, mit dem ihm zu einem späteren Zeitpunkt Tür und Tor zum Ausleben seiner Rachegefühle offen stehen.

| Der böse Nachbar lebt im Reihenhaus |

In den Gartenstädten, die die Speckgürtel rund um unsere Städte ausmachen, muß man sich als Racheengel auf etwas andere Gegebenheiten einstellen. So manche leichte Rache, die sich in einem Mehrfamilienhaus anbietet, bleibt uns hier versagt. Dafür stehen dem Rachedürstenden wiederum Möglichkeiten offen, um die ihn ein Rächer aus der Stadt beneiden könnte. Verfügt beispielsweise der Nachbar über eine Alarmanlage, so greifen Sie ihm mit jedem ausgelösten Alarm in der Regel auch in die Tasche. Denn läuft der Alarm in einer Wachzentrale auf, wird entweder die Polizei oder ein Wachfahrzeug in Marsch gesetzt. Beide Einsätze werden jedoch bei Fehlalarmen in Rechnung gestellt. Allerdings bedarf es, um einen Fehlalarm auszulösen, in der Regel einer gewissen Sportlichkeit. Ein fester Schlag mit der Faust gegen ein Fenster am Hause des Widersachers genügt für gewöhnlich, um die Sirene in Gang zu setzen, anschließend aber heißt es, Fersengeld geben! Weshalb ersatzweise gerne zum zurückbehaltenen Kanonenschlag aus dem Silvesterfeuerwerk gegriffen wird. Mit ihm schafft man sich etwas Distanz und erfüllt denselben Zweck.

| Man schlägt die Blüte und trifft den Feind |

Im Blickfeld eines Rächers der Vorstadt, wie sollte es anders sein, liegt indes weit häufiger der liebevoll gehegte Garten des Feindes. Eine Handvoll Chlor bei Regen aufs Blumenbeet gestreut, hinterläßt keine erkennbaren Spuren, dafür aber eine Wüstenei. Auch die Behandlung militärisch kurz geschnittener Rasenstücke mit Unkraut-Ex ist eine beliebte Attacke. Wobei die Wirkung von in den Rasen geätzter Schmähwörter an den Feind weit überschätzt wird. Jeder mittelmäßige Gärtner vermag solche Spuren durch Neusaat binnen Wochenfrist zu tilgen. Eine ganze Sommersaison anhaltend ist indes ein Eintrag mit hochwirksamem Rasendünger. Schreiben Sie beispielsweise Ihrem Feind die vielsagende Botschaft „Du Arsch!" mit Dünger in den Rasen, kann er das Jahr über mähen, so oft er will, Ihre Mitteilung wird dauerhaft überragend bleiben.

Gleichermaßen wirkungsvoll ist die Aussaat von Unkräutern, insbesondere dem Franzosenkraut, im nachbarschaftlichen Garten, durch die Sie Ihrem Widersacher etliche kurzweilige Stunden mit der Harke angedeihen. Eine besonders üble Form feindlich gesinnter Aussaat entnahm ich einem oberbayerischen Lokalblatt. Dort stand ein braver Reihenhaussiedler vor Gericht, weil er angeblich Marihuana in seinem Garten angepflanzt hatte. Nur mit Hilfe seiner Stammtischbrüder gelang es ihm, den Richter davon zu überzeugen, daß diese Saat ihm offenbar von einem bösen Nachbarn eingetragen worden sein mußte.

Neben Anschlägen auf Blüte und Rasen bietet die Demonstration vorstädtischer Reinlichkeit ein weiteres Betätigungsfeld für den langen Arm des Rächers. Gemeint ist die Präsentation waschmittelwerbunggerechter blütenweißer Wäsche auf der langen Leine im rückwärtigen Garten. Eine Wasserpistole mit Tusche gefüllt auf die flatternde Wäsche gezielt, und die Hausfrau darf sich über den unverhofft gewonnenen Platz in ihrem Wäscheschrank freuen. Tusche oder waschfeste Farbpigmente sind für solche Bosheiten das Mittel der Wahl, da sie sich nicht mehr auswaschen lassen. Tinte hingegen sollte eher als Warnung an den Nachbarn verstanden werden, da sie für gewöhnlich im nächsten Waschgang verschwindet.

> **Wäsche,**
> **Weiß raus, Farbe rein**

Eine bewährte Einrichtung, um seinem Gegner zeigen zu können, was man von ihm hält, sind auch die Gemeinschaftswaschküchen in Appartementhäusern. Ein Päckchen

Wäschefarbe in den Hauptwaschgang der unbeaufsichtigten Waschmaschine und Ihr Feind wird beim Anblick der neuen Farbenpracht von einem wahren Begeisterungssturm geschüttelt werden. Als sehr publikumswirksam entpuppt sich ein solcher Anschlag übrigens im Waschsalon, sofern Ihr Feind seine Maschine für einen Moment aus dem Auge läßt. Harmloser, aber ebenso für eine kleine Aufregung gut, ist die Zugabe von Schmierseife oder gut schäumendem Shampoo in die Waschmaschine. Jedenfalls wird Ihr Feind seine liebe Not damit haben, das darauf entstandene Schaumgebirge in den Gully zu spülen.

Mein Feind, mein Freund

So gut wie ein jeder unter uns hat seinen Lieblingsfeind. Ein Ekel in der Familie oder im engeren Freundeskreis, von dem man sich einfach nicht trennen kann, das einem aber jedesmal, sobald es einem nur in die Nähe kommt, den Blutdruck nach oben schnellen läßt. Es kann ein unsäglicher Langweiler, ein penetranter Besserwisser oder ein schwätzender Erotomane sein, der es versteht, mit seinen penälerhaften Anzüglichkeiten jedes Gespräch auf den geistigen Nullpunkt abstürzen zu lassen. Anstatt mit Duldermine oder gequältem Grinsen und von innerlichen Flüchen begleitet seine Anwesenheit zu ertragen, sollten wir uns mit ihm „versöhnen", ihm dafür aber für die gestohlene Zeit und ramponierten Nerven heimlich Rache schwören. Um aber auch die Gelegenheit hierzu zu erhalten, sollten Sie folgenden Rat beherzigen:

Verbergen Sie vor Ihrem Lieblingsfeind Ihre wahren Gefühle.

Begegnen Sie ihm statt dessen mit ausgesprochener Herzlichkeit. Er wird es Ihnen danken, indem er Sie in sein Herz schließt; denn im allgemeinen hat so ein Widerling keinen wie Sie zum Freund. Folglich gereicht ihm Ihre Freundschaft zur Ehre. Als Entschädigung für dieses unverdiente Glück, das Sie ihm gewähren, dürfen Sie ihn dementsprechend schamlos an der Nase herumführen und in hinterhältiger Weise piesacken. Besitzen Sie doch von nun an sein grenzenloses Vertrauen und sind somit über jeden Verdacht erhaben.

Schlecht geraten ist gut gerächt

Fragt Sie ein vertrauter Fiesling um Rat, sollten Sie die günstige Gelegenheit beim Schopfe packen und ihm Ihr Ohr leihen. Es versteht sich dabei von selbst, daß Sie ihm nicht zu seinem Besten raten, sondern solche Alternativen empfehlen, die ihm zum Schaden gereichen. Um dabei nicht selbst in Mißkredit zu geraten und in der Folge sein Zutrauen zu verlieren, sollten Sie Ihrem Feind ordentlich nach dem Munde reden. Hierdurch vermitteln Sie ihm das Gefühl, daß er von Ihnen verstanden wird und Sie treu an seiner Seite stehen. Als gut eingesessener falscher Ratgeber sollten Sie zugleich auch den Seelentröster für Ihren Feind spielen, sobald die betriebene Angelegenheit Ihrem Rat gemäß schiefgeht. So können Sie Ihrem Feind aus der Patsche helfen, indem Sie ihn durch weiteren guten Rat vom Regen in die Traufe stoßen. Miese Urlaubsziele, schäbige Restaurants, schlechte Einkaufsmöglichkeiten, gierige Winkeladvokaten, riskante Steuertips, all das, was Ihnen selbst oder anderen die Freude vergällte oder in die Bredouille brachte, eignet sich als heißer Tip für Ihren Lieblingsfeind.

Wie befriedigend die Beratung des Feindes für einen Rachedürstenden sein kann, erfuhr beispielsweise Konrad, nachdem sein Lieblingsfeind Siegfried eine kleine Erbschaft gemacht hatte. Siegfried wollte das ihm zugefallene Geld zum Teil auch auf sinnvolle Art und Weise anlegen und fragte daher Konrad um Rat. Und da Siegfried ein Freund der schönen Literatur war, hatte Konrad einen heißen Tip für ihn. In ihrem Viertel gab es eine kleine Buchhandlung, in der man sich ab und an auf ein Täßchen Kaffee und einen kleinen Schwatz traf. Die Buchhändlerin war eine Chaotin, und dementsprechend marode war auch ihr Geschäft. Konrad verstand es geschickt, Siegfried für ein finanzielles Engagement in diesen zweifelhaften Laden zu gewinnen. Dazu setzte er ihm den Floh vom Retter der Stadtteilkultur ins Ohr. Durch seinen Beitrag sollte aus dem vor sich hindümpelnden Buchladen ein Ort literarischer Begegnung werden. Als guter Feind verschwieg Konrad Siegfried auch nicht, daß die Buchhändlerin eine nachlässige Person sei. Aber mit einem geschickten Vertrag könnte man ihr schon die Korsettstangen einziehen. Der Vertrag, den Konrad darauf für Siegfried entwarf, war folglich auch mit Paragraphen gepfeffert und gaukelte ihm die erhoffte Sicherheit vor. Doch was nützt der schönste Vertrag, wenn die Gegenseite gar nicht fähig ist, ihn einzuhalten. Jedenfalls hatte Konrad die Buchhändlerin richtig eingeschätzt. Zwar tat sie mit dem ausgehandelten Sümmchen durchaus auch etwas für ihr Geschäft. Der größte Teil aber zerrann ihr zwischen den Fingern für private Ausgaben. Am Ende vom Lied konnte sie die Raten nicht bedienen, der Laden blieb so marode wie zuvor und mußte schlußendlich seine Pforten schließen. Siegfried aber durfte trotz seiner wunderschönen Paragraphen sein Darlehen in den Wind schreiben. Dafür weinte er sein Herz bei Konrad aus. Der verstand es darauf, Siegfried zu verleiten, dem schlechten Geld noch gutes Geld hinterherzuwerfen. Dazu mußte er Siegfrieds schwellenden Zorn nur ein wenig mit bösgemeinten Ratschlägen anheizen, worauf der arme Tropf noch einen hübschen Batzen für Anwalt und Gericht ausgab, bis er endlich einsah, daß bei seiner liderlichen Schuldnerin nichts zu holen war. Denn wo nichts ist, hat bekanntlich auch der Kaiser sein Recht verloren.

In einem anderen Fall, den ich beobachten durfte, ging es Androsch, einem ausgemachten Westentaschen-Casanova, an den Kragen. Er verstieg sich dazu, Helene, der Frau eines guten Bekannten von ihm, den Hof zu machen. Doch mit ihr geriet er an die Falsche. Helene ärgerte sein blasiertes Balzverhalten zudem derart, daß sie ihm Rache schwor. Hierzu weihte sie neben ihrem Mann auch ihre Freundin Caterina ein, die sogleich begeistert mitmachte. Helene arrangierte ein Treffen, bei dem Androsch ihre Freundin kennenlernte. Verabredungsgemäß machte Caterina ihm schöne Augen, und erwartungsgemäß sprang Androsch darauf an. Caterina ließ sich auf einen heißen Flirt mit Androsch ein, den sie geschickt über Wochen hinzog. Helene und ihr Mann nahmen regen Anteil an dem Geschehen und ließen sich von dem eifrigen Androsch über den Stand seiner Bemühungen berichten. Als Androsch schließlich schon ziemlich genervt von der Tändelei endlich zur Sache kommen wollte und Caterina dahingehend bedrängte, kam für ihn die kalte Dusche. Denn Caterina eröffnete ihm mit eisigen Worten, daß sie ihn für ein ausgemachtes Ekel hielt und lieber in ein Kloster gehen würde, als sich mit ihm einzulassen. Androsch, fix und fertig und in seinem Selbstbewußtsein schwer angeknackst, weinte sich bei Helene und ihrem Mann aus. Sie genossen seinen Schmerz zutiefst und trösteten ihn mit teilnahmsvollem Unverständnis über die „flatterhafte" Caterina. Und auch nach langer Zeit ist es beiden immer noch eine Genugtuung, wenn Androsch ab und an voll Bitterkeit auf diesen Reinfall zu sprechen kommt.

Die Party als Schlachtfeld für den Rächer

Ein wahrer Garten Eden der Vergeltung eröffnet sich für den Rächer, wenn der Feind zu einer größeren Gesellschaft in sein Haus lädt. Denn unter all den vielen näheren und ferneren Freunden und Verwandten des feindlichen Gastgebers kann er sich bewegen wie ein Fisch im Wasser und dabei die schändlichsten Anschläge verüben.

Sehr beliebt machen Sie sich bei Ihren Gastgebern, wenn Sie zu früh kommen und als letzter gehen. Besonders das zu frühe Erscheinen, wenn der Gastgeber noch mitten in den Vorbereitungen ist, wirkt stressend. Eine gute halbe Stunde zu früh ist dabei die beste Zeit, um nicht mehr abgewiesen zu werden. Gleichzeitig müssen Sie kaum damit rechnen, dem Gastgeber noch zur Hand gehen zu müssen. Dafür dürfen Sie ihn zu seiner Verzweiflung bei den restlichen Vorbereitungen durch dumme Fragen und Bemerkungen ablenken. Außerdem weiß es die Hausfrau bestimmt zu schätzen, wenn Sie ihre Kochkünste würdigen. Lassen Sie dabei Ihrem Lob den Tadel in Form von guten Vorschlägen auf den Fuß folgen. „Wunderbar deine Gulaschsuppe! Nur etwas zuviel Paprika ... also ich nehme immer frische Chili", oder „Herrlich deine Semmelknödel. Sind sie aus der Packung? Nein? Soo ...!"

Auch sollten Sie die floskelhafte Aufforderung „Fühl dich wie zu Hause" wortwörtlich nehmen. Stöbern Sie im feindlichen Bücherschrank. Tragen Sie seine Bücher spazieren, und legen Sie sie an Stellen ab, wo sie garantiert mit Flecken besudelt werden. Auch laut aus dem einen oder anderen Werk zu zitieren kann auf Kosten Ihres Feindes zur allgemeinen Erheiterung seiner Gäste beitragen. Besonders geeignet für den Vortrag im großen Rahmen sind erotische Schriften oder Schundromane. Überhaupt ist der Angriff auf den Bücherschrank eine lohnende Vergeltung, da Ihre Rache oft erst nach Monaten zur Geltung kommt. Streichen Sie beispielsweise etwas Sekundenkleber auf einen Buchblock, hat es sich auf Dauer mit dieser Schwarte ausgeblättert. Auch das Verkleben von mehreren Buchdeckeln miteinander sorgt für allerlei Verwirrung. Besonders bieten sich hierfür mehrbändige Lexika an. Zieht Ihr Feind zu einem späteren Zeitpunkt einen Band heraus, wird ihn ein halber Meter Buch in die Knie zwingen. Ebenfalls für späte Überraschungen sorgen bei Paaren an den einen oder anderen gerichtete Liebesbriefe als Lesezeichen in die Bücher gesteckt.

Mit Sekundenkleber behandelte Videokassetten sind gleichfalls unbrauchbar. Gelungener ist allerdings, dem

> Was liest du für Schund!

Feind eine Kassette unterzuschieben, die Sie im Mittelteil ein wenig mit Vaseline behandelt haben. Hierdurch werden nämlich die Videoköpfe des Abspielgerätes so versaut, daß oft auch eine professionelle Reinigung nicht mehr hilft. Damit Sie Ihr Abspielgerät dabei nicht selbst vernichten, sollten Sie das Band nach dem Einfetten ein Stück mit der Hand einrollen, bevor Sie es auf seinen Anfang zurückspulen.

Fürchterliche
Gastgeschenke

Als höflicher Besucher haben Sie selbstverständlich ein passendes Gastgeschenk für Ihren Lieblingsfeind. Passend ist dabei alles, was Ihrem Feind auf die Nerven geht. Bekommt er etwa auf eine bestimmte Blumensorte Juckreiz, verträgt er einen gewissen Geschmack nicht oder lehnt er eine Musikrichtung ab, dann wissen Sie, daß Sie sich genau mit einem solchen Geschenk eine Freude bereiten können.

Doch weitaus bedeutsamer für einen Racheengel sind jene Mitbringsel, die man vorsichtshalber nicht direkt überreicht. Eine kleine Tüte Insektenlarven aus der Zoohandlung in den Falten des Sofas versenkt, zählt unter Rächern zum Standard. Dem Aquariumfreund verhelfen Sie zu einer Neubesetzung seines Fischbestandes, indem Sie seine Fische mit ein paar Aspirin oder einer guten Brise Soda verwöhnen. Korrekt ist solcher Fischmord in Zeiten allgemeiner Tierliebe allerdings nicht. Deshalb wird ein trendbewußter Rächer eher zu ein wenig Lebensmittelfarbe greifen. Die Fische werden es ihm danken, dem Feind jedoch wird der Schreck nicht minder in die Glieder fahren.

Rein gar nichts ist gegen einen schönen Fisch vom Markt einzuwenden. Verstecken Sie ihn für Ihren Gastgeber hinter den Büchern oder hinter der Heizung. Er wird einen formidablen Geruch entwickeln, und Ihr Gegner wird mit wachsender Begeisterung nach ihm suchen. Auch ein Stück Weichkäse führt zu gleichgelagerten Aktivitäten Ihres Feindes. Wobei ein frischer Camembert einem reifen Stinker vorzuziehen ist, da er seine Zeit benötigt, um zerfließend sein Aroma zu entfalten.

Einen katzenliebenden Feind beglücken Sie, wenn Sie in der warmen Jahreszeit ein Fläschen Baldrian auf seiner Terrasse verschütten. Der Gesang sämtlicher liebestrunkener Kater aus der Nachbarschaft wird ihn darauf in den Schlaf wiegen. Und sollten Sie Gelegenheit haben, etwas Katzenkot im Schuh Ihres Feindes zu deponieren, sollten Sie darauf nicht verzichten. Übrigens wird diese Form der Rache auch von mancher lieben Mieze selbst praktiziert. So strafte mich in dieser Weise mal meine eigene Katze ab, als ich ihren Launen nicht nachgeben wollte.

Für spontane Rachegelüste bietet sich das Badezimmer der Gastgeber an. Auch wenn Ihr Widersacher über eine

> Der Hinterhalt im Badezimmer

Gästetoilette verfügt, wird er in der Regel bei einer größeren Gesellschaft sein Badezimmer zur allgemeinen Benutzung freigeben. Hier dürfen Sie sich dann ungestört über die Schminkutensilien der Hausfrau hermachen. Besprühen Sie ihr Make-up mit Haarlack, brechen Sie den ausgefahrenen Lippenstift ab, gießen Sie etwas Nagellack in die Wimperntusche und füllen Sie dafür den Nagellack mit Nagellackentferner wieder auf oder behandeln Sie die Haarbürste mit Tagescreme, und Sie werden Ihre Gastgeberin mit Garantie am nächsten Morgen bleich und ungeschminkt in ihrer Drogerie wiedersehen können. Damit auch der Hausherr nicht ungeschoren den nächsten Morgen übersteht, dürfen Sie seine Rasierklingen mit der Nagelfeile behandeln. Die Schrammen, die er sich hierdurch in die Backe ziehen wird, werden ihn über den Tag hinaus schmücken.

Sofern Sie Ihren Lieblingsfeind bereits voll finsterer Rachepläne aufsuchen, sollten Sie sich auch mit einer Chilischote und etwas Gips ausrüsten. Reiben Sie mit dem

Fleisch der Chilischote über die Zahnbürste Ihres Feindes, hinterlassen Sie keine sichtbaren Spuren, dafür aber ein höllisches Feuer in seinem Mund, sobald er sich die Zähne putzt. Der Gips hingegen ist, wie sollte es anders sein, zum Verstopfen der Abflüsse gedacht. Der Rohrschnelldienst wird Ihnen Ihr Tun im Gegensatz zum Hausherren gewiß verzeihen.

Mit einem rechtzeitigen Angriff auf das Knie der Toilettenschüssel, können Sie jede größere Gesellschaft vorzeitig platzen lassen. Die schlichte Methode funktioniert, indem Sie eine abgerollte Klopapierrolle im Abfluß versenken. Ihr Gastgeber darf dann unter dem beifälligen Gemurmel der Anwesenden den Helden spielen und mit unerschrockenem Griff Ihre Bescherung wieder ans Tageslicht befördern. Bei der unerbittlichen Gangart rühren Sie mit der Klobürste ein gutes Pfund Gips ins Ablaufknie. Wegen der Schwierigkeit eines unentdeckten Antransports bleibt diese Form der Rache allerdings besser den Damen vorbehalten, die diese Menge Gips eher unbemerkt in ihrer Handtasche einschmuggeln können. Gleiches gilt für Attentate auf den Swimmingpool begüterter Feinde. Ein Päckchen Waschmittel oder Batikfarbe darin versenkt, und die Folgen sind verheerend.

| Der Feind als Clown |

Eine Möglichkeit, wie Sie Ihren Feind zum Deppen seiner eigenen Gesellschaft machen können, habe ich weiter oben in Zusammenhang mit seiner Bücherei bereits angedeutet. Eine andere Variante konnte ich einmal selbst als Gast auf einer Party beobachten. Holger, der gegen Niklas, den Gastgeber, eine intime Feindschaft hegte, verhagelte seinem Lieblingsfeind bereits beim Entree die Stimmung, als er mit Niklas' Verflossener am Arm auftauchte. Doch da Niklas, seiner Gastgeberpflicht gehorchend, erst einen Schoppen Wein intus hatte, konnte er seinen Groll noch recht gut verbergen.

Holger aber verstand es geschickt, seinen Freund zu animieren, so daß dieser alsbald Trost im Alkohol suchte. Als eine gute Weile später Niklas mit einem Zettel auf dem Rücken zur allgemeinen Belustigung der Anwesenden durch die Räume stapfte, war der Eklat zum Greifen nahe; denn auf dem Zettel stand „Ich bin ein Hahnrei". Es war Holger, der Niklas darauf aufmerksam machte, und prompt wendete sich Niklas' ganzer Unmut zunächst gegen ihn. Holgers Unschuldsbeteuerung aber leuchtete selbst dem betrunkenen Niklas ein. „Hätte ich dir den Zettel auf den Rücken geheftet, hätte ich es dir gewiß nicht gesagt", so Holgers Argumentation. Zugleich schimpfte er über den übelwollenden anonymen Schmierfinken, und Niklas erkannte darauf in Holger den einzig wahren Freund. Dafür aber begann er, von Holger angestachelt, sämtliche Anwesenden zu beschimpfen. Die ferneren Bekannten ergriffen daraufhin die Flucht. Zurück blieb eine Schar enger Freunde, die Niklas zu trösten versuchten. Hierbei tat sich wiederum Holger besonders hervor, der mit seinen Bemerkungen geschickt auf Niklas' Tränendrüse drückte. Und so wechselte die Stimmung des Gastgebers zwischen Aufbegehren und tiefem Katzenjammer gegen und über die Welt. Die Peinlichkeit war himmelschreiend und Niklas' moralischer Kater anderntags niederschmetternd.

Ein eingefleischter Rächer weiß es zu schätzen, mit seinem Lieblingsfeind auch hin und wieder seine Freizeit zu

> Mit dem Feind auf Tuchfühlung

verbringen. So vermag er ihn von Mal zu Mal in beiläufiger und doch angemessener Weise zu peinigen. So wirkt etwa der alte Lausbubenstreich, einem Sportsfreund die Garderobe zu verstecken, heute wie damals ungebrochen. Auch eine Klitschmasse aus dem Scherzartikelladen in der Manteltasche des Gegners zu deponieren verfehlt seine erheiternde Wirkung für die Umstehenden nicht. Eine besonders peinliche Note erhält diese kleine Fiesheit, sofern Sie sie auf geschäftlicher Ebene ausführen können; so soll dem Hörensagen nach das klitschige Gewabbel schon des öfteren aus einem Aktenordner auf so manchen Konferenztisch geflossen sein.

Eine echte Belästigung stellt es hingegen dar, wenn Sie den Inhalt eines Aschenbechers in einen geschlossenen Regenschirm entleeren. Allerdings sollten Sie sorgfältig darauf achten, daß keine Glut mehr vorhanden ist! Kommt Ihr Lieblingsfeind dann mit Asche verdrecktem Mantel nach Hause, wird ihn seine liebende Partnerin wahrscheinlich voller Mitgefühl für die Reinigung vorbereiten. Deshalb sollten Sie nicht vergessen, ihrem Gegner ein indiskretes Foto in seine Manteltasche zu stecken. Das Mitgefühl seiner Partnerin wird sich darauf schlagartig verflüchtigen, und Ihr Feind wird einiges Unglaubhaftes zu erklären haben. Passende Originalfotos dieser Art werden übrigens in jedem Sexladen angeboten. Gleichermaßen wirkungsvoll ist das Besprühen des Mantels mit fremdem Parfüm, womit Sie in jeder guten Beziehung eine handfeste Eifersuchtsszene provozieren. Gleiches läßt sich im übrigen ebenso bei vertauschten Geschlechterrollen durchführen.

Über die Möglichkeiten, mit der Kreditkartennummer seines Feindes Unheil zu stiften, wird viel phantasiert, in der Tat sind sie jedoch recht eingeschränkt. Zumal es doch nicht so einfach ist, wie es scheint, an die Nummer der Kreditkarte zu gelangen. Haben Sie indes die feindliche Nummer, können Sie Ihrem Gegner beispielsweise den samstäglichen Großeinkauf vermiesen, indem Sie am Abend zuvor in seinem Namen die Kreditkarte als gestohlen melden und sperren lassen. Womöglich muß er sich darauf noch als vermeintlicher Kreditkartenbetrüger mit der Polizei herumschlagen. Mit der Kreditkartennummer ist es auch möglich, schmuddelige Dienstleistungen wie Telefonsex in Anspruch zu nehmen. Allerdings sollten Sie dies nur von einem unverdächtigen Telefonapparat aus tun. Auch etliche Versandhandel würden Ihren Widersacher liebend gerne beliefern, sobald Sie in seinem Namen und mit seiner Kreditkartennummer ordern. Freilich ist das Ende solchen Tuns abzusehen, denn spätestens bei der nächsten Abrechnung wird der Schwindel auffliegen. Dafür wird Ihr guter Feind einige Mühe haben, sein ausgegebenes Geld wieder zurückerstattet zu bekommen.

Als Ausgleich für den angerichteten Schaden und zu Ihrer seelischen Labsal sollten Sie Ihren heimlichen Gegner zu einem Mahl bei sich zu Hause bitten. Dann dürfen Sie sich bei Tisch die ganze schreckliche Geschichte, die Sie angerichtet haben, in aller Ausführlichkeit noch einmal anhören und mit Ihrem Feind seine Bestürzung teilen. Zuvor sollten Sie allerdings nicht vergessen, das speziell für ihn angerichtete Dessert mit einem Abführmittel zu veredeln. Als guter Koch werden Sie es sicher verstehen, den Geschmack des Mittels zu verbergen. Ungeübte Köche sollten sich indes auf Palatschinken mit Pflaumenmus verlassen, in das ein paar konzentrierte Pflaumenwürfel aus der Apotheke eingerührt sind. Die Wirkung läßt zwar einen Tag auf sich warten, ist aber dementsprechend durchschlagend.

Daß man mit dem Telefon seines Feindes auch einen tiefen Griff in sein Portemonnaie machen kann, dürfte mittlerweile landauf, landab eine Binsenweisheit sein. Die vielbesagte Zeitansage in Tokio ist indes immer noch ein billiges Vergnügen, im Gegensatz zu den 0190-Rufnummern oder einem Sextelefon in Übersee. Rufen Sie eine solche Nummer an, und plazieren Sie den Hörer so, daß man erst auf den zweiten Blick erkennt, daß er nicht auf der Gabel liegt. Erheblich teurer wird der Spaß freilich noch, sobald Sie einen solchen Anruf über das Handy Ihres Feindes tätigen.

Wehe dem Feind,
Rache seinem
Computer!

Haßliebe zum Computer ist ein allgemein verbreitetes Phänomen; vor allem
unter solchen Zeitgenossen, die ihn
ausschließlich als notwendiges Hand-
werkzeug verstehen. Sie beherrschen die für sie notwendigen Programme, ansonsten aber strafen sie ihn mit Igno-
ranz. Hauptsache, der Kasten funktioniert. Dementsprechend ist die Not groß, sobald eine kleine Störung auftritt
und der Rechner nicht so will, wie man selber will.

Pflegt Ihr Lieblingsfeind ebenfalls ein ähnlich blauäugi-
ges Verhältnis zu seinem Computer, können Sie ihn leicht
zur Verzweiflung bringen, indem Sie mit wenigen Befehlen
seiner Maschine den Garaus machen. Aber auch für jene
hehren Gemüter unter den Rachedurstigen, die sich bislang
der Computerei erfolgreich verweigert haben, gibt es Methoden, den feindlichen Rechner zu sabotieren, ohne sich in
den Niederungen von Computerhandbüchern zu verzetteln.
Dafür müssen Sie beispielsweise nur eine Tasse Kaffee mit
Salz anrühren. Freilich müssen Sie dieses Gebräu nicht trin-
ken, es genügt, ein wenig davon über die Tastatur Ihrers
Gegners zu träufeln. Die Verbindung von Kaffee und Salz
bedingt, daß das Salz schön feucht und somit aggressiv
bleibt. Ganz allmählich zerstört es so die elektrischen Verbindungen. Hierdurch können im harmlosen Fall Fehlfunk-
tionen bei der Eingabe von Daten entstehen, was mit der
Anschaffung einer neuen Tastatur jedoch schnell behoben
ist. Für das Rächerherz erquickender ist allerdings der andere mögliche Schadensfall, wenn das Salz einen Kurz-
schluß auslöst, der auch die Hauptplatine des Rechners in
Mitleidenschaft zieht.

Gleichfalls keine Computerkenntnisse benötigen Sie, um
den Computer Ihres Feindes mehrere Male hintereinander
ein- und auszuschalten. Fünfzigmal dürfte genügen, um die
Netzteile in seinem Inneren in Schrott zu verwandeln. Drehen Sie hingegen den Spannungswahlschalter von 240 Volt

auf 120 Volt zurück, wird es einen niedlichen Rumps geben, sobald Ihr Widersacher seine Maschine anschaltet. In
beiden Fällen verschaffen Sie Ihrem Lieblingsfeind das ersehnte Vergnügen, eine Zeitlang ohne seinen haßgeliebten
Rechner auszukommen.

Zwar sind solche Angriffe gegen die Hardware eines
Computers von durchschlagender Wirkung, andererseits
fehlt ihnen der sinistere Reiz, den die Manipulation der
Software dem Rächer vermittelt. Nicht umsonst wird aus so
manchem seriösen Informatiker in seiner Freizeit ein tücki-
scher Hacker. Freilich müssen Sie kein Informatik-Freak
sein, um den gegnerischen Computer so zu manipulieren,
daß Ihr Feind ihn aus ganzem Herzen zu hassen beginnt.

Mit dem Befehl „fdisk" auf der DOS-Ebene wird die
Festplatte neu konfiguriert, was den kompletten und irrepa-
rablen Datenverlust zur Folge hat. Zugegeben, es handelt
sich dabei um eine Totschlagmethode, aber manches Mal
mag gerade sie das Mittel der Wahl sein. Etwas eleganter,
doch von ebenso durchgreifender Wirkung ist die Umbe-
nennung der Startdatei COMMAND.COM durch den Befehl „ren command.com command.txt". Spätestens beim
Neustart seines Computers wird Ihr Feind vor einem Pro-
blem stehen, wenn der Rechner nicht mehr in gewohnter
Weise startet. Und sofern er keinen fachmännischen Rat
und keine Boot-Diskette gezogen hat, wird ihm nichts anderes übrigbleiben, als sein Gerät neu zu installieren. Womit er allerdings auch selbst dafür sorgt, daß seine gespei-
cherten Daten auf immer im Orkus verschwinden.

Die vielgefürchteten Computer-Viren sind eine Sache für
sich. An ein E-Mail, einen elektronischen Brief via Internet,
angehängt, schlüpfen sie begierig in den feindlichen Rechner, um ihr böses Werk zu beginnen. Für eine solchermaßen
verdeckte Post bedarf es allerdings fortgeschrittener Kenntnisse. Ohne Hilfe des anerkannten Computer-Freaks in Ih-

rem Bekanntenkreis werden Sie daher diese Möglichkeit verwerfen müssen.

Spaßig ist es auch, die Dateien Ihres Feindes einer anderen Dateigruppe zuzuweisen und damit im Gewirr seiner Verzeichnisse zu verstecken. Vor allem Benutzern mit nur geringer Erfahrung im Dateimanagement verschaffen Sie hierdurch ein paar lehrreiche Stunden, in denen sie ihre Kenntnisse bei der nervenaufreibenden Suche nach der versteckten Datei wieder auffrischen können. Härter trifft es Ihren Feind allerdings, wenn Sie die Datei, an der er gerade arbeitet, mit einem Kennwort versehen. Sobald er diese Datei nach dem Abspeichern wieder aufruft, sitzt er vor der Aufgabe, das von Ihnen eingegebene Kennwort „Trottel" entweder per Intuition oder durch einschlägige Erfahrung zu finden. Der besondere Reiz bei dieser Schandtat liegt vor allem darin, daß Ihr Feind sich dabei vor dem Monitor vorkommen wird, als säße er vor verschlossener Wohnungstür.

Hilflose Computerbenutzer lassen sich auch leicht aus der Fassung bringen, indem Sie ihnen ein Makro schreiben, das beim Aufruf bestimmter Funktionen aktiviert wird. Insbesondere die Veränderungen gewohnter Masken können heillose Verwirrungen verursachen. So rief mich einmal ein Kollege zu Hilfe, da er sein Textverarbeitungsprogramm nicht mehr abschalten, noch Dateien speichern oder gespeicherte Dateien öffnen konnte. In seinen Makros fand ich darauf folgende Befehle, die Ihnen als anregendes Beispiel dienen sollen; übernehmen Sie sie versuchsweise in Ihr Winword-Programm, und Sie werden sehr rasch selbst weitere kreative Änderungsmöglichkeiten und Anwendungen auch in anderen Programmen entdecken, mit denen Sie Ihren Feind überraschen und begeistern können:

```
Sub MAIN
MsgBox „Deinen Quatsch speichere ich nicht", „Hey
Depp"
REM Super DateiSpeichern
End Sub
```

```
Sub MAIN
MsgBox „Datei öffnen nicht verfügbar", „Festplatte
schläft"
REM Dim dlg As DateiÖffnen
REM GetCurValues dlg
REM Dialog dlg
REM Super DateiÖffnen dlg
End Sub
```

```
Sub MAIN
MsgBox „Zum Beenden IQ 50 nötig, leider nur 48 vorhan-
den", „IQ-Test"
REM Super DateiBeenden
End Sub
```

Da ich die kleine Bosheit seines Feindes recht ansprechend fand, wollte ich dessen Werk nicht gänzlich vernichten und entfernte aus den Makros nur die REM-Befehle. So blieben meinem Kollegen die in Anführungszeichen gesetzten Kommentare erhalten, wann immer er die entsprechenden Funktionen aufrief.

Trennung schafft Feindschaft

Wenn eine Partnerschaft zerbricht und dabei Liebe in Haß umschlägt, schrillen meist die Rachesirenen. In dem sich daran anschließenden Gemetzel stehen sich für gewöhnlich beide Seiten in nichts nach, sondern verfolgen sich mit finsterer Niedertracht oft über Jahre hinweg. Nimmt man die Worte mancher Psychologen ernst, die behaupten, eine Trennung dauere ebenso lang wie die Zeit des Beisammenseins, dann darf einem ob solcher Aussichten bei langjährigen Verbindungen durchaus bange werden. Andererseits haben solchermaßen entstandene Feindschaften auch ihre Vorgeschichte. Bekommt man sie erzählt, erfaßt einen oft ein tiefes Verständnis, warum der Betroffene das Racheschwert schwingt. Ja, manchmal ertappt man sich bei seinen anschließenden Äußerungen unter dem Gesichtspunkt „Also ich an deiner Stelle ..." dabei, daß man die rächende Vergeltung des anderen bei weitem übertreffen würde. Insofern sollten auch Sie sich im Falle des Falles fragen, ob Sie nicht allzu nachsichtig mit Ihrem Verflossenen oder Ihrer Verflossenen umgehen und ob dem Ihnen angetanen Schmerz nicht eine ungebührlich glimpfliche Revanche gegenübersteht. Seien Sie daher schonungslos, und sagen Sie sich, falls Sie Zweifel an Ihrer Rache befallen:

Genug ist noch lange nicht genug!

Doch damit Sie diesem Wahlspruch treu bleiben können, sollten Sie entsprechend umsichtig bei der Verfolgung Ihrer Rachepläne vorgehen. Schließlich kann Ihr Ex immer noch zwei und zwei zusammenzählen und wird schnell wissen, aus welcher Ecke ihn das Mißgeschick ereilt. Aus diesem

Grunde empfiehlt es sich, entgegen den allgemeinen Regeln der Rache furios zu starten und ein wahres Feuerwerk an Gemeinheiten abzulassen. Damit spielen Sie sich zwei Trümpfe gleichzeitig in die Hand. Zum einen wird man nämlich langmütig mit Ihnen sein, da man ja nichts anderes von Ihnen erwartet hat. Somit müssen Sie kaum befürchten, daß Ihnen Ihre Rache mit gleicher Münze vergolten wird. Zum anderen aber bleiben Sie in fürchterlicher Erinnerung, und man wird es darob tunlichst meiden, Sie künftig zu reizen. Nachdem Sie mit dem ersten Sturm Ihren drängendsten Rachedurst stillen konnten, sollten Sie eine gewisse Kunstpause einlegen, in der Sie weitere Rachemaßnahmen vorbereiten. Diese Unterbrechung sollte wenigstens solange währen, bis beispielsweise im Falle einer Scheidung auch die letzten Papiere zu den Akten gelegt worden sind. Danach aber gilt die alte Regel der Rache, sich nur bedächtig zu steigern und

seinem Opfer Pausen zu gönnen, damit es sich nicht an den erlittenen Schmerz gewöhnt.

Wenn Sie dergestalt besonnen vorgehen, dürfen Sie den Pokal Ihrer Rache bis zur Neige genießen.

Wie ein solch furioser Auftakt aussehen kann, schilderte mir Verena, die von ihrem untreuen Freund in erniedrigender Weise gepiesackt wurde, bis ihr

> Das flammende
> Schwert der Rache
> gegen Hab und Gut

eines Tages endlich der Kragen platzte und sie das Scheusal aus der gemeinsamen Wohnung warf. Als er anderntags seine Sachen aus der Wohnung holen wollte, erlebte er sein blaues Wunder. Verena hatte hierfür aber auch die ganze Nacht im Schweiße ihres Angesichts gearbeitet. Sie begann damit, daß sie mit einer großen Schere allen seinen Hemden den linken Arm abschnitt. Anschließend hängte sie sie wieder in den Schrank, und da der rechte Ärmel wie gewohnt nach vorne sah, blieb der Schaden fürs erste verborgen. Gleiches wiederholte sie mit den Jacken ihres Opfers, von denen sie mit groben Schnitten die linken Ärmel abtrennte. Danach kamen die Hosen dran, deren Bügelfalten zur Schrankseite hin tiefe Einschnitte erhielten. Auch die Leibwäsche blieb nicht verschont. Die Unterhosen wurden durch einen Schnitt in den Hintern vernichtet, bei den Unterhemden schnitt sie jeweils einen Träger durch, und den Socken verpaßte sie ein Loch für den „großen Onkel". Anschließend kamen die Schuhe an die Reihe; mit einem scharfen Messer säbelte sie die Kappen weg. Zum Abschluß verstaute sie alles wieder in den Schränken und Kästen, so als wäre nichts geschehen.

Erschöpft, doch leidlich zufrieden mit sich, saß Verena darauf am Küchentisch und rauchte eine Zigarette. Dabei schweifte ihr Blick über die von ihrem Freund so heiß geliebten und vom Munde abgesparten Bauernmöbel. Auch die würde er sicherlich mitnehmen wollen, und schon hatte sie eine neue Aufgabe vor sich. Mit Säge und Axt bewaffnet, machte sie sich ans Werk. Zunächst sägte sie jeweils ein Bein an Tischen und Stühlen vier Fingerbreit ab. Danach bearbeitete sie mit der Axt die kostbar bemalten Füllungen der Bauernschränke. Als auch dies erledigt war, machte sie sich über die CD-Sammlung ihres Ex her. Mit einem Küchenmesser zerkratze sie die Scheiben und legte sie in die Kassetten zurück. Auch vor seiner wertvollen Stereoanlage machte sie nicht halt; mit einem langen Schraubenschlüssel traktierte sie deren Innenleben. Zu guter Letzt fielen ihr noch seine Dokumente in die Hand. Mit fettem Filzstift hielt Verena darauf ihre abschließende Meinung über den ehemals Geliebten fest.

Als Verena am Abend danach von der Arbeit ihre Wohnung betrat, konnte sie mit tiefem Genuß die Wirkung ihrer Rachetat begutachten. Im Schlafzimmer standen die

Schränke offen. Ein paar zerfledderte Jacken und Hosen lagen davor. Eine Handvoll halbärmeliger Hemden bedeckten den offenen Koffer auf dem Bett. Im Wohnzimmer lag ein Brief neben einer aufgeklappten CD-Kassette auf dem wakkelnden Tisch. Mit zittriger Hand hatte ihr Opfer darauf nur vermerkt: „Wir sehen uns vor Gericht wieder!"

Selbstredend sah Verena dem Gerichtstermin mit Bangen entgegen. Zugleich war sie aber auch voll satter Zufriedenheit über die Wirkung ihrer Rache. Und die Aussicht, ihren Ex als geprügelten Hund vor dem Kadi wiederzusehen, nahm ihr ein wenig von dem Schrecken über die zu erwartende Strafe. Der Gerichtstermin selbst war schließlich der unerwartete Höhepunkt ihrer Rache. Ihr Verflossener gab nämlich eine gar zu klägliche Figur ab. Nichts war ihm mehr von seinem Machogehabe geblieben. Mit einer Mappe voller Fotos, die den angerichteten Schaden festhielten, trat er vor den Richtertisch. Verena blätterte darin, äußerlich schuldbewußt, doch innerlich jubilierte sie, als sie sich den angerichteten Schaden nochmals besehen durfte. Sie gestand ihre Schuld ein und kam mit einer glimpflichen Strafe davon; die Höhe des Schadensersatzes, auf die man sich schließlich einigte, war ihr am Ende die Sache wert gewesen.

Der geschilderte hitzige Auftakt, mit dem Verena ihre Rachelust auslebte, ist freilich nicht jedermanns Sache, vor

> **Statt Rundumschlag ein gezielter Stich**

allem dann nicht, wenn Sie damit rechnen müssen, daß Ihr verhaßter Partner sich so weit entblödet und damit vor den Kadi zieht; denn auch mit einem psychologischen Gefälligkeitsgutachten werden Sie dabei um einen Schadensersatz nicht herumkommen. Folglich empfiehlt es sich, die Vernichtung des gegnerischen Guts so einzufädeln, daß sie einem entweder nicht angelastet werden kann oder sich gera-

de noch so weit in Grenzen hält, daß sie vom Opfer zähneknirschend hingenommen wird.

So fuhr in einem Fall, der mir zugetragen wurde, der ge-
hörnte Ehemann den Wagen seiner Frau zu Schrott, um ihr
anschließend zu eröffnen, daß er sich scheiden lassen wird.
Dabei gestand er ihr unumwunden ein, ihr Auto aus Rachsucht vernichtet zu haben. Ein Geständnis, daß die Gute
vor allem deshalb vor Wut überschäumen ließ, weil es ihr
keinerlei Handhabe bot, den Beweis für diese Untat anzu-
treten. Die Revanche, die sie sich dafür ausdachte, verdient
es jedoch, ebenfalls erwähnt zu werden. So ging sie schnurstracks aufs nächste Polizeirevier und meldete den Wagen
ihres Mannes als gestohlen. Drei Tage später wurde ihr
Ehemann auf sehr ruppige Art von der Polizei aus seinem
Wagen gezogen und verbrachte einen langen Nachmittag
auf dem Polizeirevier. Als er abends in Begleitung von zwei
Polizisten zur Identifizierung in der noch gemeinschaftli-
chen Wohnung auftauchte, erklärte seine Frau den beiden
Beamten mit treuem Augenaufschlag, daß sie vergessen habe, wo sie den Wagen abgestellt habe und die Anzeige bei
nächster Gelegenheit hätte zurücknehmen wollen. Den anschließenden Tadel der Polizisten ließ sie mit maliziösem
Lächeln über sich ergehen.

Auch Schäden, die sich erst zu einem späteren Zeitpunkt
auswirken beziehungsweise entdeckt werden, sollten Sie bei
der Entwicklung Ihres Racheplanes bedenken, solange Sie
noch ungehinderten Zugang zu Schränken, Truhen und
Konten haben. So lohnt es sich beispielsweise in der Som-
merzeit, den Pelzmantel, den man der Geliebten in einer
schwachen Stunde verehrte, ein wenig auszurasieren. Sofern
Sie sich dabei ein wenig zurückhalten können, wird sie den
Schaden erst im folgenden Herbst entdecken. Übrigens habe
ich diesen Tip von einem betrogenen Ehemann erhalten, der
seiner Frau mit der Nagelschere „50 DM" in den Rücken
ihres Mantels schnitt. Erst als diese mit dem Mantel auf der

Straße eindeutige Angebote erhielt, bemerkte sie den Schaden.

Der Griff in die Schmuckschatulle der untreuen Frau scheint dem Hörensagen nach beinahe eine archetypische Handlung ahndender Ehemänner zu sein. Allerdings sollten Sie die Pretiosen nicht unbedingt versilbern, man könnte Ihnen ansonsten habgierige Charakterzüge nachsagen. Bringen Sie den Schmuck statt dessen ins nächste Leihhaus, und legen Sie dafür die Pfandscheine in die Schmuckschatulle zurück. Kavaliere sollen sogar, wie mir gesagt wurde, die Kreditsumme mit in das Schmuckkästchen zurücklegen und nur den Zins der Treulosen überlassen. Eine sehr noble Geste, die freilich nur bei besonders wertvollem Geschmeide nicht nur von symbolischer Art ist.

Auf der anderen Seite scheinen sich rachedürstende Ehefrauen geradezu zwanghaft den ersten Monat der Trennung von Tisch und Bett mit der Partner-Kreditkarte zu vergolden. Auch wenn dieser Form der Rache wegen ihrer Gewöhnlichkeit etwas Banales anhaftet, sollten Sie sie nicht außer Betracht ziehen. Nutzen Sie deshalb die Möglichkeit, sich auf Kosten Ihres Ex all jene Kleinigkeiten zu besorgen, die Ihnen für ein gemütliches Heim ohne ihn abgehen.

Auch mit einem gemeinsamen Bankkonto oder einer Kontovollmacht bietet der Treulose noch eine kurzfristige Angriffsfläche, die ein rächendes Herz höher schlagen läßt. Wobei der erste Gedanke, das Konto bis zum Dispolimit abzuräumen, nicht unbedingt der beste ist. Und wenn Sie diesem Gedanken durchaus nicht widerstehen wollen, sollten Sie wenigstens einen terminierten Überweisungsauftrag erteilen, der erst in einigen Wochen wirksam wird, wenn Sie über keine Vollmacht mehr verfügen. Bei der Art und Weise, wie solche Aufträge durch die Banken behandelt werden, können Sie fest damit rechnen, daß Ihnen der Computer das Sümmchen zum vorgesehenen Zeitpunkt anweist.

Ihr Ex wird sich darauf vor Ärger gleich zweimal in den Hintern beißen.

Wollen Sie indes nicht der Raffgier bezichtigt werden, sollten Sie anstelle des eigennützigen Zugriffs auf das Konto des Verflossenen ein bißchen Verwirrung bei seinen Daueraufträgen stiften. Die simpelste Vorgehensweise besteht darin, alle Daueraufträge zu kündigen, was ihm allerdings nicht lange verborgen bleiben wird. Hinterhältiger ist es allerdings, die Konten der Empfänger zu verändern. Überweisen Sie die Miete einer wildfremden Hausverwaltung, senden Sie die Versicherungsprämie an das Bundesverteidigungsministerium, und schicken Sie die Steuervorauszahlungen auf das Spendenkonto der Regierungspartei. Bis Ihr Opfer diese Verwirrung entdeckt, wird einige Zeit vergehen, da ja die Beträge fristgerecht abgebucht werden. Nach menschlichem Ermessen wird das Spielchen so lange weiter laufen, bis entweder die ersten Beträge freiwillig zurückgesandt werden oder die ersten Mahnungen ins Haus flattern. Dann aber ist Streß beim verlassenen Partner angesagt. Vor allem die auf die falschen Konten abgeflossenen Sümmchen zurückzufordern dürfte eine nervenaufreibende Beschäftigung für ihn werden.

Eine aufregende Zeit verschaffen Sie Ihrem Ex auch, wenn Sie auf seinen Namen und Rechnung spekulieren. Ordern Sie einen größeren Posten einer Aktie, die sich gerade auf dem Tiefflug befindet. Ihr abgesprungener Partner wird darauf mit Fluchen und Bangen die Börsenkurse verfolgen, bis der Trend sich umkehrt und er die ungeliebten Papiere wieder abstoßen kann.

Im übrigen sollten Sie auch die kleinen Nadelstiche nicht außer acht lassen, wobei hier die Post die notwendige Distanz schafft und Anonymität bietet; auch wenn sich der Empfänger meist an fünf Fingern abzählen kann, wer hinter den Sendungen steht. So erfreut es sich beispielsweise äußerster Beliebtheit unter heillos verkrachten Paaren, dem

Partner durch die Zusendung von Exkrementen noch einmal greifbar vor Augen und Nase zu halten, was man von ihm hält. Gewiß, eine abgeschmackte, vulgäre Art, sich zu rächen; gleichwohl sollten Sie ihre Wirkung nicht unterschätzen, facht sie doch jedesmal aufs neue blankes Entsetzen und kollernde Entrüstung an.

Eine in ihrer Beschreibung sehr harmlos anmutende Methode wählte Pia, nachdem ihr Lorenz in übler Weise den Laufpaß gab. In ihrer Wirkung aber sorgte sie für anhaltende Verdrossenheit bei ihrem Ex. An ihrem Computer druckte Pia einen Stapel Postkarten, die sie als anonyme Meinungsumfrage von Lorenz' Geschäft gestaltete. Im Briefmarkenfeld stand unübersehbar „Porto zahlt Empfänger". Über mehrere Wochen trudelten die Karten in seinem Laden ein. Unter den drei möglichen Antworten war stets nur die eine „Wir sind ein Scheißladen!" angekreuzt. Nach anfänglichem Streit mit dem Postboten zahlte Lorenz jeden Morgen äußerlich gelassen, doch innerlich tobend das geforderte Nachporto. Und von Mal zu Mal, wenn er abends nach Hause kam, lag ein Benachrichtigungsschein für einen Einschreibebrief in seinem Briefkasten. Auch wenn er sich denken konnte, daß der Brief wie alle anderen zuvor nur einen unappetitlichen Bericht aus der örtlichen Boulevardzeitung enthalten würde, reihte er sich jedesmal wieder in die Schlange vor dem Briefausgabeschalter ein. Schließlich wußte Pia nur zu gut, daß Lorenz' größte Sorge im Leben war, er könnte etwas versäumen.

Haben Sie am Ende Ihrer Beziehung nach Stunk und Zank Ihre Koffer gepackt, um das einst so traute Heim zu

> **Als letzten Gruß ein Stein ins Fenster**

verlassen, werden Sie wohl kaum so sang- und klanglos von dannen ziehen wollen. Wenigstens *ein* schmerzvolles Andenken sollten Sie daher Ihrem abtrünnigen Partner hinterlassen. Falls es sich bei ihm um einen begeisterten Hobby-

koch handelt, haben Sie in seiner Küche leichtes Spiel. Eine
satte Prise Chilipulver unter seinen Paprika gemischt, und
das nächste Gulasch, das er sich zubereitet, wird ihm in
flammender Erinnerung bleiben. Auch die Beigabe von Gips
zum Mehl wird seine Leidenschaft, den Kochlöffel zu
schwingen, auf längere Zeit deutlich mindern. Um gesund-
heitliche Schäden von vornherein auszuschließen, sollten Sie
eine Mischung von 1:1 wählen; dafür aber ruinieren Sie unter Garantie sein gepflegtes Kochgeschirr. Der Austausch
von Zucker und Salz ist dagegen nur eine läppische Angelegenheit. Schmackhafter und schäumender wird das Ganze,
wenn Sie ihm Haushaltsnatron unters Salz mischen. Um einen Grad verschärfter ist allerdings die Beigabe von Glaubersalz zum Speisesalz. Hierbei handelt es sich um ein
durchschlagendes Abführmittel, das Ihnen jeder Apotheker
gerne verkauft. Und sollte Ihr Verflossener ein Naturköstler
sein, der sein Getreide selber mahlt, so müssen Sie ihm nur
ein paar Kiesel unter den Weizen mengen, und er wird sich
seine wertvolle Getreidemühle gründlich ruinieren.

Die Geschichten von der leer getrunkenen Hausbar, die
ein flüchtiger Partner zurückläßt, sind mittlerweile Legion
und in allen erdenkbaren Varianten zu hören. Bereichern
Sie die Erzählungen Ihrer Freunde um eine weitere Spielart.
Dazu müssen Sie sich die Hausbar Ihres Ex nicht einmal
hinter die Binde kippen, was ja bekanntlich auch nicht jedermanns Sache sein soll. Kippen Sie sein Gesöff ganz einfach in den Ausguß, und füllen Sie die Flaschen mit Wasser
und verschieden stark gebrautem Schwarztee wieder auf. So
vermiesen Sie ihm sein hochprozentiges Trostpflästerchen,
mit dem er sich Ihren Weggang versüßen wollte. Um einiges
perfider ist es allerdings, die Flaschensammlung in eine Mu-
sterschau bizarrer Cocktails zu verwandeln. Hierzu müssen
Sie nur verschiedene ausgefallene Geschmacksrichtungen
den Inhalten zufügen. Sehr empfehlenswert sind dabei
scharfe Geschmacksnoten, wie sie vor allem rote Pfefferso-

ßen vermitteln. Wobei solche Beigaben für einen erfahrenen Mixer eher schon als traditionell gelten. Ungewöhnlicher und für manche degustative Sensation gut ist hingegen die Beimischung von Salz und Essig. Auch geschmacksintensive Tropfen aus der Kräuterheilkunde wie Baldrian, Bärentraube oder Isländisches Moos vermögen die Geschmacksknospen eines verwöhnten Gaumens in für ihn bislang ungeahnter Weise zu reizen. Von blockierender Wirkung ist indes die Zugabe von Geliermittel. Ihr Feind darf hierauf seine edlen Tröpfchen aus der Flasche schütteln und als verunglückte Götterspeise löffeln. In diesem Zusammenhang sei auch auf die degoutierende Wirkung von Lebensmittelfarben hingewiesen. So verträgt sich etwa ein schwarz eingefärbter Cognac nicht einmal mit der eigenen Beerdigung, geschweige denn mit dem Auge Ihres Verflossenen.

Und falls Ihr Ex zu den Weinliebhabern mit gut bestücktem Weinkeller zählt, sollten Sie die edlen Tropfen mit etwas Essigessenz veredeln. Hierzu ziehen Sie die Essigsäure mit einer Spritze auf und drücken die Nadel durch den Korken. Erkennbare Spuren bleiben dabei nicht zurück; das entstandene Gebräu hingegen taugt danach allenfalls noch zum Salatanmachen.

Handelt es sich beim Ex um einen besessenen Sammler, wissen Sie ohnehin, was zu tun ist. Einen Streichholzschachtelsammler bringen Sie zur Verzweiflung, sobald Sie ein Hölzchen an der Reibfläche entzünden; denn einmal gebraucht, ist eine Streichholzschachtel für jeden Sammler so gut wie wertlos. Philatelisten bekommen Mordgelüste, falls ihren Briefmarken auch nur eine Zacke gekrümmt wird.

Parfümflaschensammler stöhnen gequält auf, sobald jemand an einem Verschluß nur dreht, gilt ihnen doch eine gefüllte Flasche weit mehr als eine leere.

Und Porzellansammler verlieren ihre Fassung, falls eins der edlen Stücke einen Schlag abbekommt.

Egal, welcher Sammlerleidenschaft Ihr Opfer frönt, beschädigen Sie seine Sammlung, aber vernichten Sie sie nicht! Denn von einem einmal erworbenen Stück wird sich kein wahrer Sammler trennen können, auch wenn es beschädigt wurde. Dafür wird er es mannhaft ertragen, wenn ihm mit jedem Blick auf den angerichteten Schaden der Schmerz durchfährt, als wäre er ihm erst gestern zugefügt worden.

Ein Anschlag auf den Heizöltank im Einfamilienhaus sorgt für frostige Stimmung beim Zurückgebliebenen. Eine Kanne altes Motorenöl vom letzten Ölwechsel im Tank entsorgt, und eine Generalreinigung des Brenners wird mitten in der Heizperiode fällig. Noch verheerender wirkt es sich aus, falls Sie den Öltank mit Wasser ein wenig nachfüllen. Denn bis Tank und Brenner gereinigt sind, können sich in einer Frostperiode auch schon ein paar Eisblumen zum Tapetenmuster gesellen. Bei einem alten Tank kann eine solche Füllung gar ein Loch in den Boden rosten, sofern das Wasser im Sommer bereits durch den Einfüllstutzen gluckerte.

Einen ganz anderen Weg der Rache ging Felicitas, eine ansonsten sehr betuliche Hausfrau, als sie ihren Mann wegen seelischer Grausamkeit verließ. Sie wartete die Scheidung ab, um wenige Tage danach mit dem Schlüsseldienst vor der alten gemeinsamen Wohnung aufzutauchen. Die Anschrift in ihrem Personalausweis hatte sie noch nicht geändert, so daß der Schlosser ihr arglos die Wohnungstür öffnete und ein neues Schloß einbaute. Einmal in der Wohnung nahm sie die Gelegenheit wahr, sie in einen ordentlichen Schweinestall zu verwandeln. Dabei wütete sie beinahe in therapeutischer Weise gegen ihren eingefleischten Reinlichkeitssinn. Sie kippte den Inhalt des Mülleimers über die Teppichböden, wedelte mit der vollen Staubsaugertüte vor den geöffneten Schränken und besudelte Spiegel und Bilderglas mit Butter. Zu guter Letzt schlitzte sie noch die Kopfkissen auf und tanzte als Frau Holle durch die Woh-

nung. Das lange Gesicht ihres Mannes und dessen anschließenden Tobsuchtsanfall ließ sich Felicitas noch am selben
Abend haarklein von der Nachbarin schildern, mit der sie
eng befreundet war. Am meisten Freude bereitete ihr dabei,
als sie erfuhr, daß ihr Mann nicht genau wußte, ob hinter
dem Attentat Felicitas oder der Scheidungsgrund stand, mit
dem er sich mittlerweile gleichfalls überworfen hatte. Und
so schimpfte und fluchte er abwechselnd mal über die eine
und mal über die andere.

Ist eine Beziehung erst einmal an ihrem
Ende angelangt, verliert man oft auch
den gegenseitigen Respekt voreinander
und zieht schamlos über den zeitweili-

> Du sollst schlecht
> über deinen Feind
> raunen!

gen Lebensgefährten im Kreise seiner Freunde her. Diese
Art der Abreaktion ist allerdings für einen feinsinnigen Racheengel gänzlich ungeeignet. Zum einen ist sie ebenso ba-
nal wie vulgär, und zum anderen wirft sie auch ein zweifel-
haftes Licht auf einen selbst, schließlich war man ja über
die Zeit hinweg der Partner des Idioten.

Statt also Ihren Verflossenen vor Freunden und Bekannten in Grund und Boden zu stampfen, sollten Sie ihm auch
ein paar gute Seiten belassen. Dafür wirken die kleinen und
großen Unzulänglichkeiten, die Sie über ihn ausplaudern,
um so glaubhafter und eindringlicher im Gedächtnis Ihrer
Freunde. Vor allem vor gemeinsamen Freunden sollten Sie
dieses Konzept durchhalten. Wasser auf Ihre Mühlen lenkt
dabei Ihr Ex, sofern er zum verbalen Rundumschlag ausholt
und kein gutes Haar an Ihnen läßt oder sich höflich ins
Schweigen flüchtet. In beiden Fällen haben Sie die besseren
Karten, um seinem Ansehen durch üble Gerüchte zu schaden.

Wobei Sie die kleinen und großen Gemeinheiten, die Sie
über Ihr Opfer verbreiten, ganz nebenbei in Halbsätzen,
Anspielungen und Andeutungen von sich geben sollten. Le-

gen Sie den Faden aus, und lassen Sie ihn von Ihren Ge-
sprächspartnern aufnehmen. Sie werden darauf durch ihre
Vermutungen und Fragen genau jenes fatale Bild von Ihrem
Ex formen, in dem Sie ihn gesehen haben wollen.

Am meisten schätzen fremde Ohren dabei Anspielungen
über das Sexualverhalten Ihres Opfers. Lassen Sie durch die
Blume erkennen, welche müde Nummer Ihr Ex im Bett war,
oder dichten Sie ihm eine betont unappetitliche oder lächerliche Sexualpraktik an. Sehr begierig werden von gemeinsamen Freunden auch Verhaltensweisen aufgenommen, die den Partner in einem anderen Licht zeigen, als er
sich gibt. Deuten Sie daher seine Vorlieben an, die er auslebte, sobald er alle vier gerade sein ließ. Beschreiben Sie,
wie er furzend, grunzend und mit dem Finger in der Nase
vor dem Fernseher lag. Lassen Sie ihn in seltsamer Kleidung
seinen Feierabend verbringen. Mokieren Sie sich über die
niveaulose Literatur, die er als Bettlektüre genoß. Oder erwähnen Sie mit gequälter Miene, wie Sie ihn zur Körper-
pflege anhalten mußten. Auch können Sie seinen Geschmackssinn der Lächerlichkeit preisgeben, indem Sie erzählen, welchen Schlangenfraß er sich hineinschob, sobald
Sie miteinander allein waren. Selbstverständlich sollten Sie
ihn dabei mit den Fingern aus Töpfen, Dosen und vom Papier weg speisen lassen.

Durch Schilderungen, welch ein Widerling und Intrigant
Ihr Partner im Umgang mit anderen Menschen war, können
Sie auch geschickt einen Keil zwischen Freundschaften
schlagen, von denen Sie wissen, daß sie Ihrem Ex besonders
am Herzen liegen. Am besten spricht sich darüber in Abwe-
senheit der betreffenden Freunde. Erzählen Sie, wie Ihr Ex
sie als Dummköpfe und Wichtigtuer einschätzte und wie er
sie an der Nase herumführte, oder welchen Spaß es ihm
machte, über seine Freunde herzuziehen. Sie können gewiß
sein, daß solche Sensationen in Windeseile die richtigen Ohren erreichen.

Beachten Sie bei alledem, daß Sie nie zu konkret werden. Verharren Sie nämlich in Zweideutigkeiten und Halbheiten, geben Sie der Phantasie Ihrer Zuhörer Raum, diese Lücken aus ihren eigenen dunklen Abgründen heraus zu füllen. Sie werden hierauf das Gehörte in ihrem Sinne weitertragen und zu einem satten Gerücht anwachsen lassen. Sobald aber das Gerücht die Runde machte und Ihnen wieder zu Ohren kommt, werden Sie mit zufriedenem Staunen feststellen dürfen, welch schräges Bild dabei von Ihrem Verflossenen in den Augen Ihrer Freunde entstanden ist.

Solche abgrundtiefen Boshaftigkeiten sind natürlich gleichermaßen bei einer entsprechend windigen Partnerin erlaubt.

Rache über den heißen Draht

Bislang war es ein leichtes, zum Telefonhörer zu greifen und seinen Verdruß über die Ungerechtigkeit der Welt in ein fremdes Ohr zu schreien. Doch mit der Digitalisierung des Telefonnetzes sowie der Verbreitung von ISDN-Anschlüssen samt bundesweiten Telefonbüchern auf CD wurde uns dieses äußerst beliebte Instrument zum spontanen Austoben kleinlicher Rachegelüste mehr oder minder aus der Hand genommen.

Was war es beispielsweise noch vor jener digitalisierten Zeit für ein billiges Vergnügen, einem pampigen Reparaturservice einen Streich zu spielen. Man spazierte mit drei Groschen in der Hand in eine abgelegene Telefonzelle, wählte die Nummer dieser Ekel an und säuselte in die Muschel: „Für Euch Nieten ist heute Feierabend!" Dann ließ man den Hörer baumeln, und die Verbindung blieb so lange bestehen, bis sich ein einsamer Wanderer in die Telefonzelle verirrte, um seinerseits ein Gespräch zu führen.

Sich wehren per ISDN-Anschluß und Telefon-CD

Wie rapide sich die Zeiten geändert haben, erzählte mir eines Morgens im Stehcafé kreidebleich Alfred, ein guter Bekannter aus meinem Viertel. Der Bohrhammer eines Installateurs in der Wohnung gegenüber raubte ihm das letzte halbe Stündchen Morgenschlaf. Erbost zog Alfred die Rolläden seines Schlafzimmers hoch, und die Telefonnummer am Wagen des Handwerkers prangte ihm darauf wie eine Einladung entgegen, seinen Zorn mit einer anonymen Haßtirade per Telefon abzuladen. Also schimpfte er nach Herzenslust wie ein Rohrspatz über die Pfuscher und Schlamper in den Hörer hinein, die in dieser Firma arbeiteten. Doch noch ehe er so richtig in Hochform auflaufen konnte, versagte ihm die Stimme. Vom anderen Ende der Leitung wurde Alfred nämlich plötzlich mit seinem Namen angesprochen und ihm gar mit der Polizei gedroht.

Wie war das möglich? Nun, die Installationsfirma hatte – ebenso wie Alfred – einen ISDN-Anschluß, und so konnte der Inhaber im Display seines Telefonapparates Alfreds Nummer ablesen. Mit dem Telefonbuch auf CD hatte er darauf in Sekundenschnelle über seinen Computer Alfred als den Bösewicht ermittelt. Und so wurde im Handumdrehen aus dem Racheengel Alfred ein stotternder Tropf, der um Gutwetter bat. Stellen Sie sich nur das satte Grinsen seines Gegners vor, als dieser seinen kleinen Triumph auskostete!

Um folglich gegen dieserart technische Aufrüstung dennoch als Rächer zu bestehen, müssen Sie in Zukunft etwas mehr Phantasie aufbringen, als sie Alfred zeigte. Zwar sind ISDN-Nummern meist als mehrstellige Ziffernfolgen zu erkennen, doch verlassen würde ich mich an Ihrer Stelle nicht darauf, denn es gibt genügend Ausnahmen von dieser Regel. Wollen Sie also Ihr Mütchen in unflätiger Weise anonym übers Telefon kühlen, begeben Sie sich dazu am besten wie in alten Zeiten zur nächsten Telefonzelle. Freilich ist solches Tun im Grunde genommen recht unbefriedigend, schließlich muß Ihr Kontrahent nur den Hörer auf die Gabel legen, um Ihnen das Wort abzuschneiden.

Aufrüstung auf der einen Seite bedeutet demnach auch Aufrüstung auf Ihrer Seite. Was bedeutet, Sie müssen zu härteren Bandagen greifen, um Ihren

> Anrufbeantworter:
> Sprich dir's von der
> Seele!

Rachedurst zu befriedigen, und auch von Mal zu Mal bereit sein, eine Kleinigkeit zu investieren. Doch dazu später. Betrachten wir zunächst einmal die wenigen „billigen" Methoden, mit denen wir uns an Grobianen und Siegertypen per Telefon unschädlich halten können. Ein gewisses Geschenk für racheselige Zeitgenossen sind die ungeliebten Anrufbeantworter. Quatschen Sie Ihrem Feind, sobald er nicht zu Hause ist, frei von der Leber weg aufs Band, was Sie von ihm halten. Und sollte er so großzügig sein, Ihnen unbeschränkte Redezeit zur Verfügung zu stellen, nutzen Sie sie nicht! Rufen Sie statt dessen öfters hintereinander an. So wird er sich das Band bis zum Ende abhören müssen, will er nicht einen wichtigen Anruf verpassen. Besonders ärgerlich ist ein solchermaßen zugequatschtes Band vor allem, wenn es sich um einen Geschäftsanschluß handelt, da dann für die werte Kundschaft kein Platz mehr bleibt.

Wie man einen Anrufbeantworter lahmlegt

Müssen Sie befürchten, daß Ihr Feind Ihre Stimme erkennt, können Sie ihm den Anrufbeantworter auch mit jener Sorte Musik vollspielen, die er am wenigsten mag. Wesentlich fieser ist jedoch eine Trillerpfeife, und da Anrufbeantworter sehr sensible Wesen sind, geben sie häufig nach einem ordentlichen Triller ihren Geist für immer auf.

Heiße Ohren per heißem Draht

Übrigens sind Trillerpfeifen nicht nur ein gern empfohlenes Abwehrmittel gegen obzöne Anrufer, auch gekränkte Seelen haben sie als Trostpflästerchen für sich entdeckt. Stellen Sie sich nur einmal mit maliziöser Freude vor, wie grantig Ihr schikanöser Abteilungsleiter am Morgen ins Büro stapfen würde, wenn Sie ihm nach Mitternacht einen heißen Triller über den Draht ins Ohr schicken konnten. Doch vorsichtig! Mit diesem bösen Spaß können Sie bereits die Grenze zur ernsthaften Körperverletzung überschreiten. Da Selbstgerechtigkeit uns allen eigen ist, wird Ihr Vorgesetzter womöglich gar nicht wissen, aus welcher Ecke ihn solch nächtlicher Schreck ereilte. Deshalb sollten Sie einen guten Freund mit ins Vertrauen ziehen. Macht er am gleichen Morgen als Rächer der Schikanierten Ihrem Vorgesetzten ein telefonisches Geständnis bezüglich des Grundes für den nächtlichen Spuk, so weiß dieser wenigstens, was er von seinen Mitarbeitern in Zukunft zu erwarten hat. Sollten Sie noch das Vergnügen haben, dieses Gespräch zu beobachten, dürfte Ihr Rachedurst fürs nächste gestillt sein. In jedem Falle verkneifen Sie sich dabei auch nur den Anflug eines Grinsens, sobald Sie in das betretene Gesicht Ihres kleinen Betriebstyrannen blicken.

Welchen Verdruß einem ein rachsüchtiger Verfolger mit einem Angriff auf den Anrufbeantworter machen kann,

> **Schick deinen Feind in Urlaub!**

erfuhr ich von Raimund, einem Rechtsanwalt. Ein ihm Böswilliger, war es ein Klient oder ein Kontrahent, der seinen Prozeß verloren hatte, Raimund wußte es nicht zu sagen; jedenfalls war es ein besonders ausgekochter Fiesling, der ihm das Leben für eine Zeitlang zur Hölle machte. Anfänglich schien es nur so, als belegte er ihm lediglich den Anrufbeantworter mit dümmlicher Schlagermusik. Doch das dahinter auch Methode steckte, merkte Raimund erst später. Sein Feind nützte nämlich seine Anrufe, um den Fernabfragecode des Anrufbeantworters zu ermitteln. Was übrigens wie so häufig auch in diesem Fall gar nicht so schwer war, denn Raimund wählte hierfür den sinnigen Code „1-2-3", schließlich hatte er andere Sorgen, als sich vertrackte Zahlenreihen zu merken. Nun gut, eines schönen Tages schien wieder Ruhe auf Raimunds Aufzeichnungsband eingekehrt. Doch die Ruhe war verdächtig. Erst drei Tage später kam Raimund dahinter, als ihn ein Kollege im Gericht erstaunt fragte: „Was machst du denn hier, ich denke du bist in Ferien?" Er hatte diese gute Nachricht von Raimunds Anrufbeantworter abgehört. Der ominöse Feind

114 Rache ist Blutwurst

hatte also frech und einfach Raimunds Ansagetext geändert. Raimund änderte darauf sofort seinen Fernabfragecode. Und als darauf das dümmliche Gedudel auf seinem Band wieder von neuem begann, zögerte er nicht lange, sondern richtete sich eine Sprachbox bei der Telefongesellschaft ein. Die kostet ihn zwar einen monatlichen Obolus, doch dafür ist er sich sicher, daß er sich bei seinen Klienten nur noch dann in den Urlaub abmeldet, wenn er auch tatsächlich in die Ferien fährt.

Wollen Sie ähnliches auch Ihrem Feind antun, sollten Sie möglichst wissen, was für einen Anrufbeantworter er betreibt. Denn von Fabrikat zu Fabrikat unterscheidet sich der Bedienungsmodus ein wenig. Besorgen Sie sich die entsprechende Gebrauchsanleitung und beginnen Sie zu experimentieren. Meist stehen hinter den für gewöhnlich dreistelligen Codes persönliche Daten wie Geburtstage, die eigene Telefonnummer oder auch simple Zahlenkombinationen wie 1-2-3, 8-8-8 u.ä. Sollte Ihnen die Suche nach dem Code zu kostspielig und zu zeitaufwendig sein, gibt es im Fachhandel Geräte zu erstehen, die in rascher Folge mehrere Codes hintereinander aussenden können.

Wie man zu einer Telefonparty lädt

Gänzlich Ihre Hände in Unschuld waschen Sie, sofern Sie den Telefonterror andere besorgen lassen. Sparsamen Seelen empfehle ich, hierzu eine Anzeige im „Flohmarkt" Ihrer Lokalzeitung zu veröffentlichen, bei der Sie etwas Nützliches zum Verschenken anbieten. Solche Anzeigen werden nämlich häufig kostenlos abgedruckt. Ein Text wie dieser hat meist durchschlagenden und anhaltenden Erfolg:

Wohnungsauflösung! Gut erhaltene Möbel und funktionsfähige Elektrogeräte zu verschenken. Tel. ...

Ist die Anzeige erst erschienen, dürfen Sie von Mal zu Mal bei Ihrem Feind anrufen und voller Genugtuung dem Besetztzeichen seines Telefons lauschen. Noch wirksamer ist freilich eine selbst bezahlte Kleinanzeige unter der Rubrik „Vermietungen". Offerieren Sie im Namen Ihres Feindes eine Traumwohnung zu einem Spottpreis. Und wenn Sie ihm noch ein paar Feinde mehr verschaffen wollen, sollten Sie sich nicht scheuen, auch seine Anschrift mit bekanntzugeben. So weiß ich von einem Fall zu berichten, wo sich am Wochenende aufgrund einer solchen Annonce eine wahre Prozession zu dem ins Visier Genommenen in Bewegung setzte. Petra, die mir diese von ihr angerichtete Schandtat gestand, hatte zudem noch das Vergnügen, das Ganze still und heimlich beobachten zu dürfen. Schließlich wohnte sie auf der gegenüberliegenden Straßenseite. Am Samstag abend floh ihre Feindin zwar entnervt für den Rest des Wochenendes aus dem Haus, doch die angestiftete Unruhe hielt noch eine ganze Woche an und blieb über einen Monat lang das Topthema mit allerlei Munkeleien in ihrer Straße, sehr zum Leidwesen der Betroffenen und zu Petras gehässiger Freude.

Bevor Sie sich die Nummer des Mobiltelefons Ihres Feindes vorknöpfen, sollten Sie bedenken, daß solche Anrufe erheblich teurer sind als Gespräche übers Netz. Andererseits lädt ein Handy geradezu dazu ein, einem gegnerischen Wichtighuber den letzten Nerv zu rauben beziehungsweise ihn in arge Verlegenheit zu bringen. So gibt es genügend Handybesitzer, die aus Angst, etwas zu versäumen, ihr Gerät, wo sie gehen und stehen, empfangsbereit halten. Hierdurch geben sie sich eine Blöße, der kein Rachedürstender widerstehen kann.

> Das feindliche Mobiltelefon – ein offener Geldbeutel

Wissen Sie beispielsweise, daß Ihr Gegner sich gerade in einer wichtigen Konferenz aufhält, dürfen Sie ihn anrufen und ihm ins Ohr flüstern: „Du Flasche, was schwatzt du nur wieder für einen Müll!" Er wird daraufhin gleich zweimal erröten; einmal aus Verlegenheit darüber, daß er den erlauchten Kreis mit seinem dämlichen Handy störte, und zum anderen aus Zorn über Ihre wichtige Mitteilung. Jedenfalls wird eine derartige Einflüsterung per Funk sein Verhandlungsgeschick entscheidend schwächen.

Zudem bietet sich ein Mobiltelefon geradezu dafür an, seinen Besitzer in den Augen seiner Umwelt zum Idioten zu machen und damit die Vorurteile, daß Handybesitzer überwiegend Schwachköpfe sind, zu verfestigen. Rufen Sie Ihren Widersacher zu einem Zeitpunkt an, zu dem er von möglichst vielen Leuten umgeben ist, etwa in der Kantine, im Zug oder im Kaufhaus. Geben Sie sich als der Freund vom Freund aus, und fragen Sie ganz unschuldig, wo sich Ihr Opfer gerade aufhält. Es gibt nämlich kaum etwas Dämlicheres als ein Gespräch per Handy, bei dem der Telefonierende die wichtige Botschaft über den Äther gibt, daß er gerade in der U-Bahn oder im Restaurant Sowieso sitzt. Und damit das Gespräch für die Umstehenden nicht an Geistlosigkeit verliert, stellen Sie fest, daß die Verbindung sehr schlecht ist, und wiederholen Sie die bedeutende Frage. Ein dahinter geschobenes „Wie bitte?", und Ihr Feind gibt sich vollkommen als Trottel zu erkennen, sobald er zum dritten Mal in den Hörer schnaubt: „Ich sitze gerade in der U-Bahn!" Falls sich das Spielchen noch etwas verlängern läßt, sollten Sie es unbedingt tun. Doch bevor Ihr Gegner ungeduldig wird, empfiehlt es sich, ein Gespräch auf der anderen Leitung vorzutäuschen. Drücken Sie auf die Stummtaste Ihres Telefons, und zählen Sie bis 20. Für Ihren Gegner werden es unendlich lange 20 Sekunden der Peinlichkeit sein, die er schweigend mit dem Hörer am Ohr absitzt. Schließlich ist seine bedeutende Auskunft noch in aller Ohr, und dementsprechend neugierig, was an weiteren Wichtigkeiten dieserart noch kommt, wird er beäugt werden. Haben Sie die Verbindung wieder hergestellt, dürfen Sie erneut fragen: „Was haben Sie gesagt, wo sind Sie gerade?" Mit der klaren Feststellung, daß Sie Ihren Feind für einen Idioten halten, können Sie alsdann das Gespräch beenden. Er wird sich darauf unter den Blicken seiner Umgebung als ebensolcher fühlen.

Eine andere Methode, um einen Handybesitzer dazu zu bringen, in aller Öffentlichkeit den größten Unsinn abzusondern, besteht darin, daß Sie sich als Controller der Betreibergesellschaft ausgeben. Erzählen Sie Ihrem Feind, daß Ihr Computer eine Fehlermeldung des Handys aufzeigt, die das Betriebssystem stören könnte. Da heute die wenigstens noch eine Ahnung von der Technik haben, die sie bedienen, wird in dieser Hinsicht so ziemlich jeder Quatsch geglaubt, den man von sich gibt; vorausgesetzt, es geschieht im Brustton selbstherrlicher Gewißheit und Überzeugung. Lassen Sie also Ihren Feind glauben, Sie könnten den angezeigten Fehler in seinem Handy wahrscheinlich per Funkstrahl beheben. Sollte es allerdings nicht möglich sein, müßten Sie seine Nummer vom Netz schalten. Ihren Feind wird ob dieser Aussicht die Panik ergreifen, und er wird lammfromm jeden Unsinn wiederholen, den Sie ihm vorgeben. Erklären Sie ihm, daß Sie nun einen Sprachtest machen, mit dem Sie den Fehler genau analysieren können. Und fügen Sie lächelnd und um Entschuldigung heischend dazu, daß dieser Sprachtest zwar äußerst idiotisch klingt, daß er aber das einzige patentierte Instrument sprachgestützter Fernanalyse sei. Daraufhin lassen Sie Ihren Feind beispielsweise folgenden hirnlosen Satz sprechen:

„*Handy Hip Top. Handy zähle eins, zwei, drei. Schön. Handy Top.*"

Hält sich Ihr Feind nicht exakt an Ihre Weisung, lassen Sie ihn selbstverständlich den Unsinn von Anfang bis Ende wiederholen. Wobei wenigstens eine Wiederholung allein schon zur Freude der Umstehenden zum Pflichtprogramm gehören sollte. Am Ende dürfen Sie dann Ihrem Feind versprechen, daß Sie den Fehler per Funkstrahl beheben. Er solle dazu sein Handy nur für fünf Sekunden eine Armlänge vom Kopf weghalten, um keinen Schaden zu nehmen. Und sofern Sie der Teufel reitet, können Sie ihn darauf auch noch zu weiteren Kunststückchen animieren.

Manche Handybesitzer sind aus ähnlichen Erfahrungen mittlerweile klug geworden und schalten ihr Gerät ab, sobald sie keinen Anruf wünschen oder erwarten. Das bedeutet für eine nach Vergeltung schreiende Seele allerdings nicht zwingend, daß sie vor verschlossener Tür steht, denn häufig werden die Gespräche in solchen Fällen auf eine Sprachbox umgeleitet. In jedem Falle sollten Sie diese Verbindung abwarten und irgend etwas Unverständliches aufs Band murmeln, schließlich darf Ihr Gegner für jede dieser Mitteilungen einen Obolus an die Betreibergesellschaft entrichten.

Mit Hilfe der Sprachbox können Sie aber auch den Terminplan Ihres Gegners gehörig durcheinanderwirbeln. Denn aus einem unerfindlichen Grund werden Nachrichten, die über Handy laufen, für besonders bedeutend gehalten. So können Sie sich beispielsweise als Abschleppunternehmer vorstellen, der den Wagen Ihres Feindes im Auftrag der Polizei auf sein Werkstattgelände verfrachtet hat. Ihr Widersacher wird darauf nicht im leisesten auf den Gedanken kommen, diese Tatsache durch Augenschein zu überprüfen und seinen Stellplatz aufzusuchen. Vielmehr wird er ins nächste Taxi springen und vor die Stadt fahren, um sein Vehikel wieder in Besitz zu nehmen. Schicken Sie ihn deshalb in eine Einöde oder in einen Gewerbepark, damit er sich ordentlich die Hacken abläuft.

Einen anderen nur wenig bekannten Umstand machte sich Gerd zunutze, der mit seinem Kollegen Ferdinand noch ein Hühnchen zu rupfen hatte. Als Ferdinand im Urlaub nach Spanien fuhr, nahm er sein Mobiltelefon mit, um auch dort erreichbar zu sein. Nun haben die Betreibergesellschaften ihr Gebührensystem verständlicherweise so eingerichtet, daß der Anrufer bei einem Auslandsruf nur mit der Funk-

verbindung bis zur Grenze belastet wird. Die Gesprächsge-
bühren für die Verbindung darüber hinaus werden hingegen
dem Besitzer des Handys angerechnet. Gerd machte seine
Freundin zur Telefonistin, die Ferdinands Mobiltelefon in
Spanien anwählte. Sie schlüpfte in die Rolle der Sprech-
stundenhilfe von Ferdinands Arzt und teilte ihm mit, daß
der Doktor Ferdinand ganz dringend zu sprechen wünsche.
Ferdinand möge einen Moment warten, sie verbände ihn
mit dem Doktor. Selbstverständlich kam diese Verbindung
nie zustande, doch durch eine geschickte Inszenierung, bei
der unter anderem Gerd im Hintergrund mal den über den
Gang huschenden Arzt, mal einen ungeduldigen Patienten
mimte, gelang es den beiden, die Leitung eine knappe halbe
Stunde zu halten. Als in den nächsten Tagen auch weitere
von Gerd inszenierte Verbindungen mit einigen für Ferdinand wichtigen Leuten nie zustande kamen, muß dem Guten unter der spanischen Sonne doch noch ein Licht aufge-
gangen sein, und er stellte sein Handy ab. Für die Telefon-
rechnung aber, die ihn nach seinem Urlaub erwartete, hätte
Ferdinand gleich noch ein zweites Mal nach Spanien reisen
können.

Zweifellos versöhnt der geschilderte Griff per Funktele-
fon in die Geldbörse des Feindes eine rachedürstende Seele
noch weit mehr, wenn auch der Anruf auf Kosten des Feindes geführt werden kann und man so seinen Spaß zum
Nulltarif erhält.

Die zunehmende Verbreitung von Fax-
Geräten in privaten Haushalten er-
gänzt die Möglichkeiten der Vergel-

> Gehässigkeiten per
> Fax

tung um ein weiteres Feld. Es erlaubt Ihnen, Ihrem Feind
ohne Umwege und mit gebotener Deutlichkeit mitzuteilen,
was Sie von ihm halten. Allerdings sollten Sie, bevor Sie
eine Schmähung per Fax versenden, Ihre Kennung, mit der

jede von Ihnen versandte Mitteilung in der Kopfzeile ge-
schmückt wird, ausschalten.

Viel reizvoller als ein anonymer Telebrief ist freilich ein
scheinbar mit Kennung signiertes Fax. So schlug etwa Melanie, die sich von ihren beiden Freundinnen Hilde und
Winnie in gemeiner Weise hintergangen fühlte, per Fax
zwei Fliegen mit einer Klappe. Dazu übernahm sie die Kennung von Winnie und schickte ein böses Fax an Hilde. Alsdann änderte sie ihre Kennung in die von Hilde und sandte
eine entsprechend unflätige Antwort an Winnie. In dieser
Weise ließ sie ihre beiden Freundinnen über einige Faxe
hinweg miteinander korrespondieren, wobei sie den schrillen Ton der Mitteilungen von Mal zu Mal steigerte. Besonders hinterhältig an Melanies vorgetäuschter Korrespondenz war, daß sie Wahrheiten über den Draht schickte, die
erhellten, wie sich die beiden Freundinnen ganz im stillen
gegenseitig einschätzten. Als Hilde und Winnie am Abend
die erhaltenen Botschaften aus der Lade ihrer Fax-Geräte
zogen, brach zwischen den beiden unvermittelt ein bitterbö-
ser Krieg aus. Zwar versicherten sich die beiden in einem
langen Telefongespräch gegenseitig, daß keine der anderen
ein Fax gesandt habe, gleichwohl nahm eine jede der anderen diese Beteuerungen nicht ab; sprachen doch die Mitteilungen mit ihren intimen Kenntnissen offensichtlich eine
ganz andere Sprache. Und da Melanie von den beiden jeweils unter dem Siegel der Verschwiegenheit ins Vertrauen
gezogen wurde, konnte sie mit klammheimlicher Freude
den Erfolg ihrer Rache genießen. Zudem durfte sie als ver-
trauensvolle Ratgeberin das einmal entfachte Feuer weiter
schüren. Infolgedessen gelang es ihr mit der wirkungsvollen
Empfehlung „Also ich an deiner Stelle würde ...", sowohl
Winnie als auch Hilde dazu zu bringen, sich wechselseitig
ein weiteres Fax zu senden; worauf eine jede die endgültige
Bestätigung für ihren falschen Verdacht in Händen hielt

und der von Melanie inszenierte Fax-Krieg seine unzweifelhafte Fortsetzung fand.

Statt dem Feind nur eine Seite voller Schmähungen zuzufaxen, erscheint es

Fax fürs Altpapier

manchem Rachegierigen lohnenswerter, dem Gegner seine Rolle Fax-Papier abzunudeln. Hierzu müssen Sie freilich keine seitenlange Botschaft zu Papier bringen, es genügen bereits drei Seiten, die Sie als Endlosschlaufe aneinanderkleben. Beim Versenden Ihrer Schmähschrift müssen Sie nur noch darauf achten, daß das Papier in der Spur bleibt. Sobald Ihr Widersacher Ihre Bescherung entdeckt, darf er seinen Papierkorb mit etlichen Metern abgerollter Gehässigkeiten füllen. Wobei die Kleingeister unter ihnen sich noch zusätzlich über den Preis einer neuen Fax-Rolle aufregen mögen.

Im übrigen können Sie Ihre Telefongebühren für ein Endlos-Fax dadurch klein halten, daß Sie sich in Ihrer Mitteilung nur auf wenige Zeilen pro Blatt beschränken. Bekanntlich ist die Übertragunszeit für Leerräume wesentlich kürzer als für beschriebene Teile einer Seite. Im Grunde genügt die sinnige Botschaft „Hallo Schwachkopf, Deine Fax-Rolle ist leer!"

In den Anfangsjahren, als sich nur mehr oder minder Betuchte ein Fax zulegten, spezialisierten sich einige

Den Feind per Fax bewegen

Vermögensberater darauf, sich neue Kundschaft per Fax-Verzeichnis zu suchen. Dazu versandten sie des Nachts stapelweise Telebriefe an die diversen Fax-Nummern. Diese mittlerweile wieder eingeschlafene Werbemethode können Sie indes wiederbeleben, indem Sie Ihrem Feind ein Angebot senden, daß er nicht ausschlagen kann. Wissen Sie zum Beispiel, daß Ihr Opfer sich ein neues Bücherregal anschaffen will oder auf ein bestimmtes Auto spekuliert, schicken

Sie ihm ein professionelles Angebot. Faseln Sie ihm darin etwa vor, daß nur ausgewählte Stammkunden oder nur ein erlauchter Kreis von Persönlichkeiten mit dieser einzigartigen Offerte bedacht werde. Schmeicheln Sie ihm ungeniert, denn je mehr er sich gebauchpinselt fühlt, desto geringer wird die Gefahr, daß er seinen Verstand einschaltet und eine Finte wittert. Mit Schere, Klebstoff und Computer lassen sich originalgetreue Mitteilungen spielend herstellen. (Nicht vergessen, Ihre Kennung dem Absender anzupassen!) Annoncieren Sie Ihrem Widersacher zugleich, daß dieses Schnäppchen nur persönlich zu erwerben ist, und daß telefonische oder per Fax eingehende Bestellungen oder Anfragen wegen der Einmaligkeit des Angebots nicht berücksichtigt werden können. Terminieren Sie zugleich die Offerte, um den Jagdinstinkt Ihres Gegners zu kitzeln, und Sie können mit hoher Wahrscheinlichkeit damit rechnen, daß er sich mit dem Fax in der Hand schleunigst auf die Socken macht. Freilich sollten Sie Ihren Feind nicht nur um die Ecke schicken, eine halbe Tagesreise dürfen Sie ihm schon gönnen. Schließlich will er wenigstens durch landschaftliche Reize für seine Schneiderfahrt entschädigt werden.

Geschäftsfeinde unter sich

Daß im Geschäftsleben mit harten Bandagen gekämpft wird, zählt zu den Binsenweisheiten, die von Verlierern und Gewinnern mit unterschiedlicher Vehemenz stets aufs neue verkündet werden. Allerdings wird beim geschäftlichen Schlagabtausch häufig vergessen, daß man sich mit jedem Schlag, den man austeilt, auch jemanden zum Feind machen kann. Andererseits weiß man als Geschlagener auch, Niederlagen hinzunehmen; gehören sie doch unabdingbar zum Lauf der Dinge, durch den wir gestählt und an Lebenserfahrung reicher werden. Hingegen gibt es wiederum Situationen, in denen wir einen erhaltenen Schlag nicht so einfach wegstecken mögen. Wobei es sich mitnichten nur um Tiefschläge handeln muß. Vielmehr gibt es Momente, bei denen uns die Art und Weise, wie wir ausgetrickst oder übergangen wurden, nicht schmecken will. Oder aber wir werden von einem Gegner ausgepunktet, den wir für nicht satisfaktionsfähig halten. Solche Vorkommnisse aber begründen in der Regel anhaltende Feindschaften. Hierbei mag man sich dann unter Geschäftspartnern – wie auch zwischen Chef und Mitarbeiter – herzhaft bekriegen. In beiden Fällen aber kann sich solche Feindschaft ruinös auswirken, denn nicht selten behacken sich die Streithähne so lange, bis einer oder gar alle beide auf der Strecke bleiben. Mit einem solchen Fall, den ich vor Jahren aus nächster Nähe beobachten durfte, soll nachstehend der Reigen der Vergeltung auf Geschäftsebene beispielhaft eingeleitet werden.

Wie ein
Betriebsgeheimnis zur
Bombe werden kann

Ein ausgeplaudertes Geschäftsgeheimnis stellt immer einen gewissen Schaden für das davon betroffene Unternehmen dar. Doch im allgemeinen wirkt die Loyalität der Mitarbeiter auch über ein Beschäftigungsverhältnis hinaus. Und da ein jeder weiß, daß zwar der Verrat geschätzt wird, aber nicht der Verräter, versuchen sich nur Schwachköpfe darin, mit einem preisgegebenen Betriebsgeheimnis bei der Konkurrenz Karriere zu machen. Andererseits sollte man meinen, daß jemandem aus demselben Grunde auch kein Stein hinterhergeworfen wird, wenn er als Arbeitnehmer zum Konkurrenten wechselt. Denn trennt man sich in Freundschaft, ist dies die beste Gewähr, daß unterm Teppich bleibt, was einst gemeinsam daruntergekehrt wurde.

Nicht so in dem mir bekannten Fall. Hartwig, leitender Ingenieur einer Planungsfirma, war sich mit Meinrad, dem Inhaber des Büros, über die Unternehmensziele uneinig und verließ als Konsequenz die Firma. Meinrad war über diesen Weggang derart erbost, daß er es sich nicht nehmen ließ, seine Konkurrenten vor einer Anstellung Hartwigs zu warnen. Da es sich um eine sehr spezialisierte und daher überschaubare Branche handelte und zudem Meinrads Firma eine Schlüsselposition auf diesem engen Markt hielt, hatte sein Wort Gewicht. Entsprechend schwierig war es für Hartwig, eine neue Position zu finden. Schließlich fand er in einem kleinen Unternehmen Unterschlupf, für dessen Chef das Know-how Hartwigs mehr Gewinn versprach als die Aussicht, es sich mit Meinrad zu verscherzen. Als Meinrad von Hartwigs Anstellung erfuhr, drohte er seinem Chef auch mit massiven geschäftlichen Nachteilen. Hartwigs neuen Chef konnte er damit jedoch nicht beeindrucken, vielmehr plauderte er belustigt die Geschichte unverzüglich an Hartwig weiter. Der neue Job bot Hartwig jedoch nicht die erwarteten Entfaltungsmöglichkeiten, und so kam es, daß er das Unternehmen alsbald wieder verließ. Seine erneuten Bewerbungen innerhalb der Branche scheiterten allesamt. Obwohl hoch angesehen, erhielt Hartwig vielfach nicht einmal eine Antwort auf seine Anfragen. Freilich mußte er sich darüber nicht wundern, waren ihm doch die Gründe hierfür mittlerweile bekannt.

Meinrads Rache hatte durchschlagenden Erfolg. Hartwig mußte einsehen, daß er in seiner Branche nichts mehr werden konnte. Notgedrungen wechselte er in ein völlig neues Betätigungsfeld, womit er vorübergehend auch erhebliche Gehaltseinbußen hinnehmen mußte; schließlich war sein spezialisiertes Wissen hier nicht mehr gefragt. Allerdings hatte Meinrad die Rechnung ohne den Wirt gemacht. Denn nun war es an Hartwig, finstere Rachepläne zu schmieden. Sein Einblick in die Interna von Meinrads Unternehmen waren ihm dabei entsprechend hilfreich. Von daher konnte er den beiden wichtigsten Kunden, mit denen Meinrad seinen Hauptumsatz bestritt, stecken, in welch ausgefuchster Manier sie von seinem ehemaligen Boß hintergangen wurden. Das Ergebnis von Hartwigs rächender Revanche war darauf nicht minder durchschlagend. Es gingen kaum zwei Jahre ins Land, und Meinrad durfte seine Firma mangels Umsatz schließen

Allerdings sind, wie im oben geschilderten Fall, Betriebsgeheimnisse, die man ausplaudern kann, nur selten derart brisant, daß sie einem Unternehmen

> Kleine
> Schändlichkeiten für
> den kleinen Gram

ernsthaft schaden können. In den meisten Fällen bewirken sie nur vorübergehende Unannehmlichkeiten, die durch eine veränderte Unternehmensstrategie rasch behoben werden können. Und häufig erweisen sich solcherart Veränderungen am Ende sogar als Segen, da sie mit einer entsprechend neu gewonnenen Dynamik einhergehen. Insofern kann sich, was einst als Rache gedacht war, zum Vorteil für den Gegner wenden. Andererseits geht es bei Geschäftsfeindschaften auch nicht grundsätzlich darum, dem Gegner den Garaus zu machen, vielmehr geht es vielen Rachegierigen nur darum, ihr Mütchen zu kühlen, indem man dem Feind Verdruß bereitet und ihn ein wenig das Fürchten lehrt. Hierfür aber genügt es häufig schon, einen kleinen Hammer in das alltägliche Getriebe zu werfen und den eingespielten Geschäftsablauf ein wenig durcheinanderzubringen. Im übrigen sind es gerade die kleinen Störfälle, sofern sie von maliziöser Originalität sind, die Eingang in die Firmenchronik finden und über Jahre hinweg beim Pausenratsch immer wieder für eine Gänsehaut gut sind.

Wollen Sie sich als unheimlicher Rächer derart in das Gedächtnis Ihres Geschäftsfeindes einschreiben, genügt oft eine Kleinigkeit, mit der Sie quasi im Vorübergehen bekunden „Vorsicht! Feind ist am Werk" und Ihren Gegner aufscheuchen, als wäre der Fuchs in den Hühnerhof eingedrungen. So bieten beispielsweise Scherzartikelläden für ein paar Mark läppische Artikel an, deren Nutzen einem unter normalen Gesichtspunkten auch mit großem Wohlwollen nicht in den Sinn kommen will. Wer sich andererseits in solchen Läden öfter umsieht, wird feststellen, daß gerade die blödsinnigsten Artikel offensichtlich ihren Markt haben und dabei mit geradezu konspirativem Gehabe erworben werden. Unter dem Gesichtspunkt der Vergeltung wird einem indes der tiefere Sinn solcher Scherzartikel einsichtig. Dann nämlich kann ein Flecken Gummi, kunstvoll als Erbrochenes gestaltet, oder ein unverwechselbares Häufchen Notdurft aus Pappmaché zu einer scharfen Waffe werden. Plazieren Sie etwa das Häufchen in einem Ausstellungsraum oder im Aufzug der gegnerischen Firma, wird die Aufregung groß sein, sobald man es entdeckt. Sie wird sich vor allem noch steigern, sobald die Frage kommt: „Wer räumt das weg?" Vor allem dann, wenn sich die herbeigerufene Putzfrau weigert, diesen Schandfleck zu beseitigen. Meist ist es dann der Chef höchstpersönlich, der Größe zu beweisen hat und den Tumult mit der Beseitigung des häßlichen Relikts beendet. Wobei die damit einhergehende Entdeckung der Imitation die Aufregung für gewöhnlich um ein Weiteres steigert. Denn in dieser Weise an der Nase herumgeführt worden zu sein wird häufig noch empörender empfunden, als wenn es sich um eine echte Notdurft gehandelt hätte.

Selbst so simple Streiche wie eine mit einem Knaller präparierte Zigarette, die kurz nach dem Anzünden funkensprühend zerplatzt, sind nicht zu verachten. Bei Bierlaune mag so ein Streich der allgemeinen Heiterkeit durchaus dienlich sein. In der steifen Atmosphäre des Geschäftslebens aber kann er fatale Folgen zeitigen. Schmuggeln Sie darum ein paar entsprechend vorbereitete Glimmstengel unter die Kundenzigaretten Ihres Widersachers. Sofern er nicht gerade selbst Scherzartikel verkauft, wird er alsbald um ein paar Kunden ärmer sein.

Einen ebenso kindischen, aber wirksamen Streich führen Sie, indem Sie einen Kaugummi am Konferenzstuhl hinterlassen. Je nach Modell bietet sich mal die Rückenlehne, mal die Armlehne an. Jedenfalls wird sich der nächste Sitzungsgast, der sich in dem Sessel niederläßt, bedanken, wenn er sich sein feines Tuch mit einem Kaugummiklecks vernichtet oder sich die zähe Maße von seinen manikürten Fingern pulen darf. Am effektvollsten sind hierfür im übrigen, weil anhaltend zäh und feucht, jene „Bubble Gums", mit denen Sie als Kind die größten Blasen fabrizieren konnten.

Geschäftsfeinden mit kleineren Geschäftslokalen gönnen Sie eine Verschnaufpause, indem Sie ihnen ein Schild mit der abweisenden Aufschrift „Komme gleich wieder!" an die Türe oder ans Klingelschild heften. Für nicht minder schleppenden Geschäftsgang können Sie sorgen, wenn Sie sich ein rot-weißes Plastikband im nächsten Baumarkt besorgen und damit zu stiller Stunde den Kundenparkplatz oder die Zufahrt zum Betriebsgelände Ihres Opfers absper-

ren. Und da ein solches Band von vielen als unumstößlicher
Ausdruck einer ominösen Autorität aufgefaßt wird, dürfen
Sie damit rechnen, daß es nach seiner Entdeckung fürs erste
weder vom Chef noch von Mitarbeitern entfernt werden
wird. Vielmehr wird es zum Gegenstand einer internen Be-
fragung werden, nach dem Motto „Wer, Wann und Warum". Und sollte man hierauf, wie zu erwarten, keine be-
friedigende Antwort finden, mag sich Ihr Feind womöglich
noch ans Straßenbauamt wenden, bevor er endlich auf die
lösende Idee verfällt, das Band ganz einfach zu entfernen.

Ebenfalls zu den kleinen Bosheiten, die immer wieder
für Verdruß gut sind, zählt ein im Geschäftsverkehr nicht
unterschriebener Scheck. Im allgemeinen wird diese bedach-
te Nachlässigkeit nämlich erst entdeckt, wenn der Scheck
der Bank präsentiert wird. Bis Ihnen der an Ihren Gegner
auszuzahlende Scheck mit einem floskelreichen Brief wieder
retourniert wird, dürfte demnach einige Zeit vergehen. Vor
allem bei der Beanspruchung von Skontofristen können Sie
somit einen netten Zank inszenieren, an dessen Ende Ihr
Gegner um der „guten" Geschäftsbeziehung willen einknikken muß. Mit seiner Demütigung aber wird sich auch wieder Ihre Laune verbessern.

Keine Mühe wird es Ihnen auch machen, sofern Sie über
die Reisepläne Ihres Geschäftsfeindes informiert sind, ihm
Gelegenheit zu geben, über den nicht schlüssigen Sinn-
spruch Gorbatschows nachzudenken „Wer zu spät kommt,
den bestraft das Leben". Denn gestraft ist Ihr Feind schon,
ehe er überhaupt zu spät kommen kann, wenn Sie in seinem
Namen den Flug umbuchen, den er sich reservieren ließ.
Freilich haben Sie damit den erwünschten Erfolg nur für
den Fall, daß der Flug auch bis zum letzten Platz ausge-
bucht ist. Ansonsten verschaffen Sie ihm nur einige Schreck-
minuten beim Einchecken.

Statt Ihrem Widersacher einen Ge-
schäftsflug unter der Nase zu stornie-
ren, können Sie ihn auch mit auf seinen
Namen gebuchten Flügen auf die Pal-

Wie man für seinen Feind tätig werden kann

me bringen. Denn nicht immer dürften in seinem Sekretari-
at eintrudelnde Flugtickets sofort nach Anforderung und
Reisezweck überprüft werden. Vor allem in Zeiten in denen
es hoch her geht, kann so ein Ticket schon einmal unterge-
hen. Und da in der Tat eh keiner fliegen wollte, wird der
möglichst kurzfristig angesetzte Flugtermin auf diese Weise
sehr schnell verstrichen sein. Danach aber dürfte es für Ihr
Opfer einigermaßen nervenzerfetzend sein, der Fluggesell-
schaft oder dem Reisebüro klarzumachen, daß dieses Ticket
nicht bestellt wurde.

Eine Nachlässigkeit vieler Bankinstitute ermöglicht es
dem Rachedürstenden, dem Zahlungsverkehr des Geschäftsfeindes ein wenig auf die Sprünge zu helfen. Um die
Behandlung der tagtäglich Abertausenden von Überweisun-
gen zu bewältigen, verzichten nämlich viele Banken darauf,
bei kleineren Beträgen die Unterschriften auf den Überwei-
sungsformularen regelmäßig zu überprüfen. Füllen Sie also
für Ihren Feind keck ein Überweisungsformular aus, und
schicken Sie eine Spende von dreizehn Mark an den örtlichen Tierschutzverein. Hierzu müssen Sie nicht zwingend
ein Insider sein, der Zugriff zu den Original-Überweisungs-
formularen hat. Bei einem so lächerlichen Betrag genügen
ohne weiteres die in der Schalterhalle der gegnerischen
Bank ausliegenden Formulare, und die Summe kommt den
lieben Tierchen zugute. Falls Sie meinen, der Betrag sei viel
zu gering und einer Vergeltung unwürdig, dann beleidigen
Sie damit jede Buchhalterseele. Denn egal, ob eine Mark
oder eine Millionen Mark – ohne ordnungsgemäße Bu-
chung läuft gar nichts, und schon gar nicht bei der Kasse.
Welch unvorstellbares Abenteuer es aber sein kann, den
solchermaßen flüchtigen dreizehn Mark nachzuforschen,

können Sie nur ermessen, wenn Ihnen ähnliches schon einmal geschehen ist. Es wird Tage über Tage und etliche Stunden in Anspruch nehmen. Weiß der Buchhalter Ihres Feindes schließlich, wohin das Sümmchen geflossen ist, und haben Sie die Überweisung nicht gerade mit „Dorftrottel" unterzeichnet, sondern mit einem unleserlichem Gekrakel, dann beginnt die betriebsinterne Fahndung, wer warum ausgerechnet dreizehn Mark an den Tierschutzverein überwiesen hat. Und da Buchhalter keine Kabbalisten sind, wird dem feindlichen Zahlenjongleur der Symbolwert der Summe nicht auffallen. Dafür wird er eine Abteilung nach der anderen nerven, bis er schließlich mit einem weitschweifigen Sachvortrag im Allerheiligsten dem Chef berichtet. Dabei wird Ihr heiß gehaßter Geschäftsfeind sich ausrechnen, was ihm diese idiotische Pedanterie seines Buchhalters gekostet hat. Gleichwohl wird er seinen Groll darüber hinunterschlucken müssen; denn wer will schon seine Perle in der Buchhaltung per Standpauke zur Schluderei verdonnern.

Mit dem feindlichen Briefkopf in Händen für Wirbel sorgen

Ungeahnte Ausmaße kann Ihre Rache im Namen des Feindes allerdings annehmen, sofern Sie sich seines Briefpapiers bedienen. Eine gewisse Zurückhaltung sollten Sie sich daher auferlegen, schließlich ist es ein Gebot der Fairneß, daß sich angetanes Leid und begangene Vergeltung einander die Waage halten. So überspannte in einem mir zu Ohren gekommenen Fall ein Rachsüchtiger namens Paul den Bogen bei weitem. Angesichts der sich ihm eröffnenden Möglichkeiten steigerte er sich während seiner Rache in rauschhafte Allmachtsphantasien, worauf er sich ganz offensichtlich nicht mehr im Griff hatte. Entsprechend tief war am Ende sein Fall. Gleichwohl entwickelte er bei der Verfolgung seines Gegners eine beneidenswerte Phantasie, weshalb seine Geschichte hier auszugsweise als beispielhafte Sammlung von Anregungen erzählt werden soll.

Paul, schon als zweiter Sohn geboren, blieb auch in seinem Leben und bei seinen Geschäften der ewig Zweite. Ein Schicksal, mit dem er sich auch längst abgefunden hatte. Was er allerdings partout nicht ausstehen konnte, war, durch Mauscheleien von einem Konkurrenten geschlagen zu werden. In dieser Weise aber schnappte ihm Wiebke, eine seiner Mitbewerber, mehrmals einen als sicher geglaubten Auftrag vor der Nase weg.

Als Paul die Hintergründe seiner Niederlagen erfuhr, schmiedete er einen üblen Racheplan. Er verschaffte sich Wiebkes Briefpapier und Rechnungsformulare, was mit einer unverfänglichen Korrespondenz und einer belanglosen Bestellung problemlos getan war. Per Computer war es ihm darauf ein leichtes, sich verwechselbare Kopien zu drucken. In Wiebkes Namen stellte er darauf einigen ihrer Kunden Rechnungen aus, andere wiederum beglückte er mit Gutschriften. Wobei ihm letzteres ganz besonders gefiel, nachdem ihm über Dritte zugetragen wurde, welchen Ärger er damit auslöste. Folglich dehnte er diesen Einfall auch auf Wiebkes Unternehmen selbst aus. Dabei kam ihm zugute, daß beide die gleichen Lieferanten hatten. Dementsprechend spielend erstellte Paul originalgetreue Schreiben an Wiebkes Adresse. Für deren Buchhalterin war es indes nur eine kurze Freude, die eingehenden Gutschriften zu verbuchen. Der Ärger ließ nämlich nur so lange auf sich warten, bis die davon Betroffenen den Ausgleich ihrer Konten anmahnten.

Weitere Zwietracht zwischen Wiebke und ihren Lieferanten streute Paul, indem er für sein Opfer Ware bestellte. Hierbei orderte er vor allem Ladenhüter, von denen zwar die meisten wieder zurückgesandt wurden, einige jedoch auch der Kontrolle des Einkäufers und der Lagerverwaltung entgingen und darauf statt in der Fabrik in Wiebkes Lager vor sich hinstaubten.

Einen Streit, der bis vor die Schranken des Gerichts führte, löste Paul aus, als er eine großformatige Stellenanzeige in einer überregionalen Tageszeitung mit Wiebkes Briefkopf orderte. Denn die Anzeigenabteilung der Zeitung hielt Wiebkes Behauptung, sie habe diese Annonce niemals bestellt, schlicht und einfach für die faule Ausrede einer mißorganisierten Geschäftsfrau. Der gleichen Ansicht war im übrigen das hohe Gericht und verdonnerte Wiebke zur Begleichung der Rechnung. Während Pauls Vorhaben, in einer ganzseitigen Anzeige in der örtlichen Zeitung Wiebkes Ausverkauf anzukündigen, ein Schlag ins Wasser wurde. Graphische Unstimmigkeiten und die Tatsache, daß ein solcher Auftrag ohne vorhergehende Rücksprache erteilt wurde, machten den Anzeigenchef der Zeitung mißtrauisch. Seine Rückfrage bewahrte Wiebke vor einem weiteren Streit.

Als jedoch Paul durch einen untreuen Mitarbeiter an Wiebkes Kundenkartei geriet, schaufelte er sich mit seiner rächenden Maßlosigkeit die Grube selbst, in die er stürzen sollte. Denn der untreue Mitarbeiter war ein Detektiv, den Wiebke mittlerweile engagiert hatte. Doch zuvor durfte der rachelüsterne Paul noch einen freundlichen Brief an Wiebkes Kunden nach der Devise „Wir sind umgezogen ...“ aufsetzen. Als er den Stapel Briefe schließlich bei der Post aufgab, kam für ihn das Aus und eine Schadensersatzklage hinterher, die sich gewaschen hatte. Aber wie eingangs gesagt, als ewig Zweiter wußte Paul schließlich auch diesen Schicksalsschlag mit Anstand zu tragen.

Vorsicht Werbung! Eine sehr hinterhältige Methode, seinem Geschäftsfeind eins auszuwischen, bieten für wenig Geld die Anzeigenblätter, die als Hauswurfsendung verteilt werden. Zwar wandern die meisten von ihnen vom Briefkasten direkt in den Müll, andererseits haben sie auch eine treue Leserschar, die sie auf der Suche nach Schnäppchen Woche für Woche durchblättern. Ob Sie allerdings Ihrem Gegner einen Gefallen tun, wenn Sie darin für ihn ein besonders günstiges Sonderangebot per Annonce offerieren, mag dahingestellt sein. Haben Sie es nämlich mit einem gewieften Kaufmann zu tun, wird er die herbeiströmende Kundschaft zu würdigen wissen und mit etwas Publicity den möglichen Schaden in einen langfristigen Gewinn verwandeln.

Anders ist es, wenn Sie eine Form der Werbung wählen, die gegen das Gesetz wider unlauteren Wettbewerb verstößt. Hier gibt es nämlich den besonderen Geschäftszweig der Abmahnvereine, die sich als Gralshüter des lauteren Wettbewerbs verstehen. Diese Abmahnvereine durchforsten insbesondere die kleinen Anzeigenblätter nach Wettbewerbsverstößen, da sie wegen der Rechtsunkenntnisse vieler kleiner Geschäftsleute ein einträgliches Revier darstellen. Mit einer Unterlassungsaufforderung und einem hübschen Gebührenbescheid wird darauf der fahrlässige Geschäftsmann angeschrieben. In der Regel zahlt dieser darauf zähneknirschend sein Lehrgeld, denn daß es wenig Sinn macht, sich mit einem Abmahnverein herumzustreiten, ist allgemein bekannt. Locken Sie daher die Wettbewerbshüter auf feindliche Fährten. Bieten Sie in einer kleinen Anzeige im Namen Ihres Gegners ein Pfund Kaffee für jede hundertste Mark eines Einkaufes als Präsent an, oder loben Sie zum fünfzehnjährigen Geschäftsjubiläum ein Preisausschreiben aus. Und da beides verboten ist, das eine verstößt gegen die Zugabenverordnung, und das andere gilt nicht als ein Jubiläumsdatum, dürfen Sie gewiß sein, daß sich ein Abmahnverein mit Ihrem Feind in Verbindung setzt. Und angesichts der Hartnäckigkeit dieser Vereine bei der Eintreibung ihrer ansehnlichen Gebühren, wird Ihr Opfer es sich dreimal überlegen, ob es Widerstand leistet oder um des lieben Friedens willen über diesen Umweg bei Ihnen indirekt Abbitte leistet.

> Wie man seinem
> Feind ein paar Über-
> stunden aufbrummt

Lange Zeit gab es ein Zauberwort in
der Geschäftswelt, bei dem, sobald es
fiel, auch der seriöseste Kaufmann seinen Verstand ausschaltete und wie hyp-
notisiert zu den absurdesten Verrenkungen bereit war. Ja,
es soll gar vorgekommen sein, daß Zigarettenhändler plötzlich mit Kloschüsseln zu handeln begannen. Dieses Zauberwort hieß „Saudi-Arabien". In Händlerohren klang es
wie Tausendundeine Nacht und versprach unermeßlichen
Reichtum. Seine magische Wirkung hat dieses Zauberwort
auch heute noch nicht eingebüßt, allerdings hat sich ihm
noch ein zweites Abrakadabra hinzugesellt, und das lautet
„China". Sprechen Sie eines dieser Wörter aus, können Sie
Ihren Geschäftsfeind spielend leicht um den halben Erdball
schicken.

Beinahe so ist es Ingo ergangen, als sich eines schönen
Tages ein Herr Sarafani bei ihm mit der verlockenden Botschaft am Telefon meldete, er suche einen Generalunter-
nehmer für die Errichtung eines Krankenhauses im fernen
Riad, und er habe schon soviel Gutes von dem rechtschaf-
fenen Ingo gehört. Jedenfalls bestellte der reiche Herr Sarafani Ingo zu einem Vorgespräch in ein Luxushotel nach
Baden-Baden, und Ingo machte sich anderntags sofort auf
den Weg. Dort angekommen, empfing ihn der freundliche
Herr, und man begab sich in ein Drei-Sterne-Restaurant,
um das kleine Geschäft zu besprechen. Selbstverständlich
übernahm Ingo die Rolle des Gastgebers, und Sarafani ließ
sich auch nicht lange bitten. Mit einem Block voller Notizen kam Ingo nach Hause zurück, um seine Planungsabtei-
lung aufzuscheuchen. Eine Woche lang mußte alles andere
liegenbleiben, und man entwarf mit Feuereifer ein Konzept,
bei dem jeder Klinikchef hierzulande feuchte Augen bekommen hätte. Als sich kurz darauf der liebenswürdige
Herr Sarafani bei Ingo wieder meldete, konnte Ingo bereits
mit stolz geschwellter Brust Rapport melden. Herr Sarafani

war sehr zufrieden, und da er sich augenblicklich in Genf aufhielt, setzte sich Ingo schnurstracks in ein Flugzeug, um ihm das Konzept vorzulegen und Nägel mit Köpfen zu machen. Doch leider war in dem Hotel, in dem man sich treffen wollte, ein Herr Sarafani gänzlich unbekannt. Ingo verbrachte den ganzen Nachmittag wartend in der Hotelhalle, aber sein Geschäftspartner stellte sich nicht ein. Tief enttäuscht trat Ingo seine Heimreise an. Drei Tage herrschte Funkstille, und Ingo verstand die Welt nicht mehr. Schließlich flatterte ihm eine Postkarte auf den Schreibtisch, auf der sich der seltsame Herr Sarafani für das Essen in Baden-Baden bedankte. Ingo brauchte danach noch eine Woche, bis er endlich begriff, daß er einem Scharlatan aufgesessen war und das Geschehen samt entstandener Unkosten auf dem Konto Lebenserfahrung abbuchen durfte. Was Ingo allerdings nicht wußte, war, daß das ganze Spiel von Heiner eingefädelt worden war, der mit Ingo noch eine Rechnung offen hatte und der sich nunmehr mit sich und der Welt zufrieden zurücklehnte. Hinter dem obskuren Herrn Sarafani stand indes Heiners Schwager, der das Essen in Baden-Baden sichtlich genossen hatte. Zudem hatte er keinerlei Unkosten, da er als ansässiger Baden-Badener zu Fuß zu dem Treffen kommen konnte.

Auf fremden Namen und Rechnung Ware zu bestellen ist eine der üblichen und immer wiederkehrenden Ausformungen der Vergeltung. Für kurzfristi-

> Den Umsatz des Gegners kurzfristig beleben

ge Zuwachsraten beim Umsatz Ihres Geschäftsfeindes sorgen Sie, indem Sie im Namen seiner Kunden eine Bestellung aufgeben. Das können Sie im einfachsten Fall per Telefon erledigen. Hierbei sollten Sie allerdings darauf achten, daß die Auftragshöhe im Rahmen bleibt, andernfalls könnte eine Rückfrage das Geschäft rasch als Luftnummer aufdecken. Da größere Aufträge für gewöhnlich schriftlich abge-

wickelt werden, müssen Sie sich hierfür wiederum in den
Besitz von Briefvorlagen bringen. Freilich ziehen Sie mit
solchen Tricks Unbeteiligte in den Sog Ihrer Auseinandersetzung hinein, die schon aus eigenem Interesse für den ra-
schen Rücktransport des ungewollten Gutes sorgen und
somit Ihrem Feind eine gewisse Last abnehmen, die Sie eigentlich ihm aufbürden sollten. Entwerfen Sie sich statt dessen an Ihrem Computer einen eigenen Briefkopf mit einer
Phantasieadresse irgendwo in der Pampa, darf Ihr Opfer
seine Ware auf eigene Kosten durch die Gegend hin- und
zurückschaukeln. Besonders vorteilhaft für ein rächendes
Gemüt erweisen sich für manche Branchen Anschriften von
Baustellen als Anlieferadresse. Hier herrscht bekanntlich oft
ein solch kreatives Chaos, daß die angelieferte Ware ohne
viel Federlesen von irgendeinem mit einem flotten Kringel
auf dem Lieferschein abgenommen wird. Läßt sie sich darauf nicht in die Baumasse einfügen, wird sie in einer Ecke
vor sich hinrotten, bis sie spätestens beim Großreinemachen
den Weg allen Vergänglichens gehen wird.

Vorfreude auf eine kalte Dusche

Nicht immer ist unser Geschäftsfeind
der Chef höchstpersönlich oder ein Unternehmen in seiner Gesamtheit, ebenso
häufig mag uns ein Adlatus in Gestalt eines Abteilungslei-
ters zum erbitterten Feind werden. Da einem solchen Gegner jedoch ein Schaden, den das Unternehmen als Ganzes
zu tragen hat und der ihm nicht persönlich angekreidet
werden kann, kaum schlaflose Nächte bereiten wird, sollten
Sie Wege finden, wie Sie sich einen solchen Widerling persönlich an die Brust nehmen können.

Eine sehr empfehlenswerte Methode erzählte mir Hans,
ein pensionierter Vertreter, der mit diesem Rezept so manchem schnöselhaften Einkäufer eine Lektion erteilte. Hierzu
hatte sich Hans eine Schatulle mit wertvollen Einladungskarten aus Bütten zugelegt. Kam ihm einer der Einkäufer
besonders dumm, erhielt dieser eine solche Karte zugesandt.

Hans, der in seiner Freizeit der Kalligraphie frönte, beschriftete sie in elganter Weise mit Feder und Tusche. Wobei er dem abzustrafenden Schnösel eine Einladung zu einem festlichen Dinner mit Frau in einem vornehmen Restaurant zukommen ließ. Als Absender wählte er meist den obersten Chef seines Feindes, den dieser nicht einmal bei seiner Anstellung zu Gesicht bekommen hatte. Dementsprechend schwebte Hans' Opfer bis zum fraglichen Abend auf allen Wolken, sah er sich doch schon in den illustren Kreis der Geschäftsleitung aufsteigen. Nichts anderes sonst konnte eine solche Einladung vom Allerhöchsten bedeuten. Manch einer von Hans' Feinden stürzte sich sogar noch in Unkosten, indem er sich einen Smoking anschaffte und seiner Frau endlich das lang ersehnte kleine Schwarze spendierte. Die Ernüchterung folgte alsbald nach dem Betreten des Restaurants; zwar wurde mit der Erwähnung scines Namens der Widerling an einen Tisch geführt, der für vier Personen aufgedeckt war, doch ließ der vermeintliche Gastgeber auf Dauer auf sich warten. Und da es sich Hans nicht verkniff, ab und an diesem Schauspiel als schlemmender Gast an einem anderen Tisch beizuwohnen, konnte er mir auch lang und breit erzählen, mit welch blöden Gesichtern dieser sich erst allmählich abzeichnende Reinfall aufgenommen wurde. Die sich zunehmend abzeichnende Verlegenheit seiner Opfer steigerte für Hans den kulinarischen Genuß noch um die sinnenhafte Freude eines seelischen Fußbades. Nur die wenigsten seiner Opfer verstanden es, sich der aufkommenden Peinlichkeit zu entziehen, indem sie in weltmännischer Manier aufbrachen. Einige gabelten mit abwesender Miene und ohne Genuß ein Menü. Andere wiederum bekamen puterrote Köpfe, nachdem sie die Preise auf der Speisekarte gelesen hatten, zischelten mit ihren Frauen und verließen schließlich wie geprügelte Hunde das Lokal. Was aber wirklich geschah, wird wohl keiner erfah-

ren haben; denn wer fragt schon seinen obersten Boss, warum er eine solch schöne Einladung hat platzen lassen.

Der lange Arm des Rächers

Rache braucht ihre Zeit, weshalb es für die Schlagkraft unserer Vergeltung oft unerläßlich ist, daß zwischen Ursache und Wirkung ein hübsches Weilchen liegt. Greifen wir schließlich mit rächender Hand nach unserem Gegner, wird er meinen, daß alle Welt sich gegen ihn verschworen hat. Denn es mag ihm dann partout nicht in den Kopf, wer ihm auf einmal Böses will. Dies aber verleiht dem Schmerz des Gegners, dem unsere Rachetat gilt, erst jene Intensität, die unsere verletzte Seele für ihre Gesundung braucht. Demgegenüber steht die simple Gegebenheit, daß die Zeit auch Wunden heilt. Von daher verliert sich über die Dauer wohl so mancher einst heiß gehegte Rachewunsch. Unterstützung erfährt solche Milde häufig durch die Tatsache, daß sich so mancher Widerling, der uns Schlimmes angetan hat, selbst erkennbar Strafe genug ist. Beobachten wir sein Leiden samt seinem Gram, erscheint uns der zuvor Verhaßte gelegentlich beinahe selbst bemitleidenswert.

Manch ein Schmerz aber, der uns von einem bösen Menschen zugefügt worden ist, mag auch über die Zeit hinweg nicht vergehen. Die Wunde, die uns geschlagen wurde, ist zwar verheilt, doch die Narbe, die zurückblieb, drückt uns ein ums andre Mal. Wissen wir dazu noch, daß sich der Bösewicht geradezu pudelwohl fühlt und ihn kein Fluch der bösen Tat einholt, kommt das uns dreimal bitter an.

Statt tief durchzuatmen, um den Schmerz zu kompensieren, sollten wir uns unseres Racheschwurs entsinnen und endlich vollbringen, was wir uns einst geschworen hatten.

Die inzwischen vergangene Zeit müssen wir dabei nicht als Hindernis empfinden, sondern dürfen sie durchaus als strategischen Vorteil auffassen; denn wir sind längst aus der Schußlinie und womöglich auch aus dem Gedächtnis unseres Gegners entschwunden. Zwar mag der so gewonnene Abstand mit dem kleinen Handikap verbunden sein, daß wir mittlerweile zu wenig über unseren Feind wissen, als daß wir ihn unmittelbar aus seinem Umfeld angehen können. Doch letzten Endes bleibt es unerheblich, wie viele Welten mittlerweile zwischen uns und unserem Gegner liegen:

Wenn es darauf ankommt, reicht der Arm der Rache über alle sieben Meere.

Friede seiner Asche!   Daß man manchem Feind Pest und Tod an den Hals wünscht, ist eine völlig normale Regung, derer wir uns nicht schämen müssen. In der Wirklichkeit jedoch sind in dieser Richtung ausgestoßene Verwünschungen nur Ausdruck unserer wütenden Hilflosigkeit. Gelegentlich aber beseelt uns doch der Gedanke, dem Gegner unseren bitterbösen Wunsch auch plastisch vor Augen zu führen. Dann mögen wir vielleicht daran denken, ihm den Beerdigungsunternehmer oder einen Trauerkranz ins Haus zu schicken. Daß solch makabren Rachepläne freilich nur äußerst selten in die Tat umgesetzt werden, vermag ein jeder zu erfahren, der sich einmal mit einem Bestatter oder Blumenhändler darüber unterhalten hat. Von daher dürften Sie also im Falle des Falles damit rechnen, daß der von Ihnen zu Ihrem Todfeind beorderte Leichenbitter sich auch ohne lange Überlegungen auf die Socken macht. Ihrem Gegner möchten darauf, nachdem der Totengräber bei ihm angeklopft hat, zwar die Knie schlottern, andererseits darf er sich mit der Volksweisheit trösten, nach der Totgesagte länger leben.

Ähnliches gilt für die Kondolenzkarte, die Sie Ihrem Gegner ins Haus schicken. Wobei eine Beileidsbezeugung für sich allein ihm nur anzeigt, daß er wohl jemanden bis aufs Blut gereizt haben muß. Setzen Sie statt dessen eine Todesanzeige in die Tageszeitung, mag es sich Ihr Feind anhand der eingehenden Kondolenzschreiben selbst zurechtlegen, ob dahinter Anteilnahme oder erleichtertes Aufatmen über seinen vermeintlichen Weggang steht.

Jedenfalls ist der Nachhall im feindlichen Gemüt auf diese Form der Vergeltung äußerst anhaltend und depremierend, weshalb Sie es sich dreimal überlegen sollten, ob Sie Ihren Widersacher derart strafen dürfen. Sehen Sie also einen solchen schaurigen Streich eher als die Ultima ratio, mit der Sie nur einem wirklichen Todfeind nachstellen sollten.

Gleiches gilt für die umgekehrte Variante der grausigen Vergeltung, bei der Sie Ihren Gegner dazu veranlassen, seinerseits ein Kondolenzschreiben zu versenden. Hierzu schicken Sie ihm die Todesanzeige eines entfernten Bekannten ins Haus. Als ein mit Sitte und Anstand vertrauter Zeitgenosse wird er darauf in der nächsten Papeterie eine Kondolenzkarte erstehen, um sie mit den üblichen Floskeln zu ergänzen und damit die Familie des „Verblichenen" zu beehren. Entsprechend bodenlos wird sein Entsetzen sein, wenn ihn der vermeintlich Hingeschiedene quicklebendig und empört anruft, um ihm die Hölle heiß zu machen.

Eine nicht minder sinistere Form der Rache soll in Verbindung mit dem Vorangegangenen an dieser Stelle Er-

> Schlechte Karten für den Feind

wähnung finden, auch wenn sie meist nur praktikabel ist, solange wir in engerem Kontakt mit unserem Opfer stehen. Gemeint ist die Übermittlung schlechter Omen. Ein jeder kennt solches Unken in seiner harmlosen Variante, wenn uns böse Neider durch ihre Schwarzmalerei ein Scheitern voraussagen wollen. Wie nachhaltig ein dergestalter Gedanke ist, wie er sich als böses Gift mit unserem Gedächtnis verhakt, mag ein jeder von uns schon erfahren haben: Tausend aufmunternde Worte gutmeinender Freunde verblassen hinter dem einen scheelen abratenden Satz des Neiders.

Es war wohl diese Lebenserfahrung, die Rosa dazu veranlaßte, ihrer heimlichen Feindin Sandra eine „Topwahrsagerin" zu empfehlen. Rosa haßte Sandra, da diese ihr mit Vorliebe jene Mannsbilder wegschnappte, in die sie sich gerade verguckt hatte. Um ihrem düsteren Plan Geltung zu verschaffen, besuchte Rosa selbst zunächst einige Male eine Wahrsagerin. Im Wissen, daß Wahrsagerinnen gemeinhin geldgierige Scharlatane sind, erzählte sie ihr während der Sitzungen von Sandra. Wobei sie Sandra in ihren Berichten von einem Unglück in das nächste stolpern ließ und ihr ein schlechtes Karma andichtete. In diesem Sinne präparierte Rosa die Wahrsagerin, die darauf in der avisierten Feindin eine entsprechende Melkkuh sah. Mußte sie ihr doch nur etwas von dem sie ein ums andre Mal ereilenden drohenden Unheil aus den Karten lesen, um ihren Schicksalsfaden fortzuspinnen, und sich zugleich als Schutzzauberin empfehlen, um sich eine sprudelnde Einnahmequelle zu sichern. Und so kam es, daß Sandra, nachdem sie die „Topwahrsagerin" konsultiert hatte, völlig am Boden zerstört war. Nichts von dem, was sie sich von ihrem Schicksal erhofft hatte, wurde ihr prophezeit. Dafür malte ihr die Augurin die Zukunft in den schwärzesten Farben. In der Folge durchlebte Sandra auch eine dementsprechend dunkle Zeit, in der sie der Betrügerin viel Geld zutrug, nahm ihr doch deren pessimistisches Geschwätz jeden Lichtblick und jede Lebensfreude.

In ähnlicher Weise können Sie einen fernen Feind mit einer sich selbsterfüllenden unguten Prophezeiung beglücken. Hierzu müssen Sie Ihre kostbare Zeit auch nicht im Kabinett eines Wahrsagers absitzen und sich Dinge anhören, an die Sie womöglich letzten Endes selbst noch glauben wollen. Bestellen Sie statt dessen Ihrem Feind ein Horoskop. Vor allem per Computer erstellte Horoskope werden für wenig Geld allerorten von obskuren Büros wie warme Semmeln feilgeboten. Wobei es nicht die geringste Rolle spielt, welche Quacksalberei der Computer über das Schicksal Ihres Feindes absondert. Schließlich müssen Sie das Ihnen vorliegende Geschwafel nur ein wenig umfrisieren. Anschließend stecken Sie die unheilvolle Botschaft in ein Kuvert, und schicken Sie sie Ihrem Feind als Geschenk von guten Freunden. Selbst wenn er nicht an die Sterne glaubt, wird das Übermittelte für ihn die Folgezeit verschatten.

Ein sehr probates Mittel, seinem Feind aus der Ferne ein paar graue Haare wachsen zu lassen, bietet die Kleinanzeige. Wobei sich je nach Inhalt der Anzeige mal eine überregionale Tageszeitung, mal ein Boulevardblatt oder die örtliche Stadtzeitung als Medium empfiehlt. Abhängig von der Ihrem Gegner zugedachten Belästigung, erreichen Sie mal mit dem einen, mal mit dem anderen Blatt den größtmöglichen Kreis potentieller Interessenten. Dabei können Sie bei einigen Zeitschriften je nach Rubrik per vorgedruckter Bestellscheine Ihrem Feind zugleich die Rechnung für Ihre Vergeltung übermitteln lassen. Er wird sich darob gleich zweimal schwarz ärgern dürfen.

> Feind sucht Störenfriede, und andere hilfreiche Annoncen

Die Möglichkeiten, seinem Feind per Annonce Ärger zu bereiten, sind vielfältig. Früher, als das Eherecht noch patriarchalisch geprägt war, konnte man den guten Ruf einer Familie dadurch in Mitleidenschaft ziehen, daß man mit einer Anzeige im Amtsblatt der Ehefrau die Schlüsselgewalt entzog. Mittlerweile haben sich die Zeiten soweit verkehrt, daß eine solche Annonce heute als Kuriosum wiederum Wirkung zeitigen kann, indem man durch sie den Feind dem allgemeinen Gespött preisgibt. Womöglich können Sie das Gehöhne darüber noch ein wenig anheizen, indem Sie die Berufsemanzen Ihrer Stadt auf Ihre Annonce aufmerksam machen. Übrigens werden solche Annoncen üblicherweise mit voller Namensnennung und Anschrift veröffentlicht.

Ebenso rufschädigend kann eine Kleinanzeige sein, in der Sie in aller Öffentlichkeit nach Ihrem Feind fragen:

Wer wurde sonst noch von X betrogen?
Interessengemeinschaft der Geschädigten sucht weitere Opfer und Zeugen für Sammelverfahren.

Ärger in eine Beziehung bringen Sie, wenn Sie Ihren Feind per Anzeige auf Freiersfüße schicken. Dichten Sie ihm solche Attribute an, die je nach Geschlecht entweder Männer- oder Frauenherzen höher schlagen lassen. Sehr beliebt beim weiblichen Geschlecht ist beispielweise der treue, gutsituierte Mann, der keine Sportschau sieht und noch dazu ein begeisterter Tänzer ist; während Männer wie zu allen Zeiten auf solche Frauen fliegen, die den mütterlichen Typ mit der Sexbombe in sich zu vereinigen wissen.

Für regen Verkehr bei Ihrem Feind sorgen Sie derweil, sobald Sie in seinem Namen ein Schnäppchen offerieren. Lassen Sie Ihren Feind seine Briefmarkensammlung *„Deutsches Reich komplett"* für den Spottpreis von 1000 DM umständehalber verkaufen, oder annoncieren Sie für ihn einen Oldtimer, etwa einen *„Mercedes 300 Flügeltüren, Ia Zustand, TÜV abgenommen, nur in treue Hände"* für das lächerliche Sümmchen von 20000 DM, und Interessierte aus der ganzen Republik werden sich auf den Weg zu Ihrem Feind machen.

Die Belästigung Ihres Feindes durch wildfremde Leute, die Sie ihm mittels Kleinanzeige ins Haus hetzen, hat von der Natur der Sache her eher einen eruptiven Charakter. Nach einem kurzen Ansturm über drei, vier Tage hinweg verläuft sich das Interesse, und der Alltag kehrt wieder ein.

Wollen Sie indes für einen längerfristig gleichbleibenden Unfrieden sorgen, sollten Sie passende Notizen an die Schwarzen Bretter diverser Treffpunkte hängen. So können Sie etwa am Treffpunkt der Müslis einen Zettel aufhängen, mit dem Sie die nicht vorhandene Getreidemühle Ihres Widersachers als Geschenk oder einen Job als Probeschläfer in der Mensa der Universität zu passablem Honorar anbieten.

Statt eine Kleinanzeige aufzugeben, lohnt es sich, auch die Kleinanzeigen

> Der Feind kauft ein

diverser Zeitschriften zu studieren; insbesondere Fernsehzeitschriften und Schmuddelhefte sind hierfür lohnenswerte Studienobjekte. Für gewöhnlich sind sie vollgepflastert mit Annoncen obskurer Firmen, die mit wertlosen Lockvogelangeboten nach Kundschaft ködern.

Diese Form der Rache hat zum Beispiel Edward, ein braver Schulleiter, dem man solches überhaupt nicht zutrauen würde, perfektioniert. Wobei er seinen ohnmächtigen Zorn, wie könnte es anders sein, vor allem gegen querulante und naseweise Eltern in dieser Weise lenkte. Um entsprechend gerüstet zu sein, hatte er stets einen Stapel Postkarten parat. Kam ihm an seiner Schule ein Elternpaar krumm, fuhr er in die nächste Stadt und ließ sich einen Stempel mit Namen und Anschrift seiner Opfer anfertigen. Hierdurch wollte er seinen Aufträgen den notwendigen Touch an Seriosität geben. Jeden zweiten Samstag abend blätterte er dann die entsprechenden Zeitschriften durch und bestellte für seine Opfer unnützen Schund. Dabei achtete er vor allem darauf, daß die Preise für die Bestellungen fünfzig Mark nicht überstiegen. Mal waren es irgendwelche kitschigen Gedenkmünzen, mal war es eine idiotische Schrift gegen Erröten, mal ein wirkungsloses Potenzmittel oder ein wertloser Einsteigersatz für den Briefmarkensammler. Ganz besonders schätzte Edward jene Angebote, die zugleich ein Abonnement für weiteren Unsinn derselben

Güte auslösten, etwa sensationsheischende Videos mit den Crashs der Formel-1-Geschichte in 24 Folgen. Um Doppelbestellungen zu vermeiden, führte Edward zudem genau Buch, welchem Opfer er welchen Ramsch zugedacht hatte.

Wie zermürbend seine Form der Rache wirkte, davon wußte Edward ebenfalls zu berichten. Über fünf Ecken erfuhr er gelegentlich, wie es seinen Opfern erging, wobei sich der Ablauf verblüffend glich. Anfänglich schickten seine Feinde die unbestellten Artikel noch zurück, worauf sich meist eine nervenaufreibende Korrespondenz mit den Versendern entwickelte. Dabei ging an Portokosten schon nach kurzem hin und her mehr Geld verloren, als der zugesandte Schund gekostet hätte. Aus dieser Erfahrung klug geworden, zahlten Edwards Opfer schließlich entnervt, sobald wieder irgendein von ihm bestellter Unsinn ins Haus flatterte, und hofften statt dessen inständig, daß dieser Ärger irgendwann einmal ein Ende nehmen würde. Dieses Ende konnte indes nur Edward absehen. Und auch hier war er von einer ihm eigenen Gewissenhaftigkeit, denn mehr als fünf Opfer gleichzeitig wollte er mit seiner Rachsucht nicht verwöhnen. Ging ihm ein weiteres Elternpaar auf die Nerven, nahm er es in seine Strafliste auf und strich dafür jene Feinde, die er bis dahin am längsten mit seiner Schändlichkeit verfolgt hatte.

Für Verdruß bei Ihrem Gegner sorgen Sie auch, sofern Sie ihn während seines Urlaubs mit einem Probeabonnement einer Tageszeitung beglücken, das sich automatisch verlängert, falls es nicht nach einer Frist von sieben oder vierzehn Tagen gekündigt wird. Aus dem Urlaub zurückgekehrt, darf darauf Ihr Feind seine Erholung dafür weggeben, dem Versand des Verlages zu erklären, daß er kein Abonnement unterschrieben hat. Und damit er das Ganze nicht zu einfach hat, sollten Sie ihm gleich mehrere Zeitungen auf einmal abonnieren. Ihr Gegner wird diese Großzügigkeit mit einem mehrfachen Fluch zu würdigen wissen.

Eine besonders perfide Art und Weise, seinen Feind an den Pranger zu stellen, erdachte sich ganz spontan Christine, die von Ottmar, einem flüchtigen Be-

> Wie man seinen
> Widersacher an den
> Pranger stellt

kannten aus ihrem Stammlokal, in schlimmer Form gekränkt wurde. Wutentbrannt lief sie nach Hause und fertigte von Ottmar einen Steckbrief an. Dabei kam ihr gelegen, daß sie ein Foto von ihm besaß, das sie auf einem Fotokopierer nur vergrößern mußte. Auf dem Steckbrief beschrieb Christine ihren Feind als einen widerlichen Macho, vor dem alle Frauen der Stadt nur gewarnt werden können. Anderntags zog sie von ihrem Pamphlet einen Stapel Kopien und klebte sie in der Dunkelheit an Laternenpfähle und in die Eingänge der Kneipen in ihrem Viertel. Der arme Ottmar hatte darauf wirklich nichts mehr zu lachen und tat gut daran, sich in der fraglichen Gegend für längere Zeit nicht mehr blicken zu lassen.

Eine vergleichsweise ebenso üble Form der Rache wurde mir von Lutz zugetragen, der das Opfer eines Anschlags wurde, an dessen Ende ihm nur ein

> Wie man seinem
> Feind den Boden
> entzieht

Umzug aus der Misere half. Zwar ahnte Lutz, aus welcher Ecke der Angriff kam, schließlich hatte er zu Beginn seiner Karriere in einem Bankhaus zwei seiner Mitbewerber in übler Weise ausgetrickst, doch fehlte ihm letztlich der entscheidende Beweis, welcher der beiden auf der Strecke Gebliebenen ihm diese Gemeinheit nach so langer Zeit wohl eingebrockt hatte.

Das Unglück nahm seinen Lauf, als Lutz von seinen Nachbarn im Hause von einem Tag auf den anderen wie ein Aussätziger behandelt wurde. Niemand erwiderte mehr seinen Gruß, die Gespräche im Stiegenhaus verstummten, sobald Lutz ins Haus kam, und eines nachts wurde sogar Unrat vor seine Haustür gekippt. Wenig später erhielt er eine Vorladung als Zeuge vor das Amtsgericht. Er sollte gegen seinen Nachbarn aussagen. Lutz konnte sich zwar keinen Reim darauf machen, doch irgendwie mußte es mit der ihm entgegenschlagenden Ablehnung im Hause in Verbindung stehen.

Den wahren Hintergrund erfuhr er erst, als er im Zeugenstand befragt wurde. Lutz wollte seinen Ohren nicht trauen und wähnte sich im gänzlich falschen Film. Dem Richter lag nämlich eine Anzeige von ihm vor, in der er seine beiden Nachbarn der gemeinsten Beleidigungen und Rüpeleien beschuldigte und die übrige Hausgemeinschaft als Zeugen für diese angeblichen Schandtaten benannte. Seiner Beteuerung, daß er diese Anzeige niemals verfaßt habe, wollte der Richter zunächst nicht so recht Glauben schenken und empfahl ihm deshalb, seine Klage zurückzuziehen. Doch da Lutz nicht zurückziehen wollte, was er nicht veranlaßt hatte, stellte der Richter schließlich das Verfahren ein. Vor seiner Hausgemeinschaft war Lutz hingegen nicht rehabilitiert. Tagtäglich bekam er ihre Verachtung zu spüren. Und so blieb ihm letztlich nichts anderes übrig, als sich schnellstens eine neue Bleibe zu suchen.

Wollen Sie sich bei Ihrem Rachefeldzug dieser geschilderten Hinterhältigkeit bedienen, können Sie durchaus darauf verzichten, ein Gericht damit zu beschäftigen. Zum einen sind unsere Gerichte ohnehin überlastet, zum anderen müssen Sie auch eine gewisse Form beachten, damit es ohne große enttarnende Rückfragen zum Prozeß kommt, und nicht zuletzt sollten Sie sich darüber klar sein, daß man nicht gerade zimperlich mit Ihnen umspränge, sollte man Ihnen gar auf die Schliche kommen. Ein einfachere Vorgehensweise, die aber zum gleichen Ziel führen kann, besteht zum Beispiel darin, in Feindes Namen an die Nachbarschaft unflätige Post zu schicken. Selbst wenn Ihr Feind danach noch so viele Beweise für seine Unschuld erbringt, irgend etwas wird an ihm klebenbleiben. Und dieser Rest kann so erdrückend werden, daß er liebend gern das Weite sucht.

Nicht nur die Mehrzahl der männlichen Bevölkerung hegt zu ihrem Auto ein beinahe neurotisches Verhältnis. Auch Frauen bringen ihrem Vehikel oft

> Weh dem Feind, Unflat seinem Vehikel!

mehr Zuneigung entgegen als ihrem Partner. So machte ich mir beispielsweise einmal eine Bekannte zur erklärten Feindin, nachdem ich ihr zigtausend Mark teures Sportcoupé fahrlässigerweise ein „Muckerl" nannte. Diese seltsame Beziehung zwischen Mensch und Automobil lädt eine rächende Seele geradewegs dazu ein, seinen Haß auf das Gefährt des Feindes zu lenken, frei nach dem Motto „Man schlägt den Esel und meint den Reiter".

Den Rat alter Automobilisten, seinem Feind mit einer Prise Zucker in den Tank seine Gemeinheit zu vergelten, dürfen Sie getrost vergessen. Nicht daß diese kleine Bosheit nicht funktionieren würde; nur würden Sie mit Ihrem Würfelzucker in der Hand vor dem Tankschloß wie vor einer verschlossenen Haustür stehen. Auch der vielbeschworene Nagel im Türschloß verwandelt sich mit der allgemeinen Verbreitung codierter Schließanlagen, die per Fernbedienung zu öffnen sind, zunehmend zu einem stumpfen Schwert. Infolgedessen rächt sich die einfach gestrickte Seele mit abgeknickten Scheibenwischern, häßlichen Kratzern im Lack oder eingeschlagenen Scheinwerfern. So mancher Autobesitzer, der auf einem Fußweg oder vor einer Einfahrt parkte, weiß hierüber sein Leid zu klagen. Dabei gibt es wesentlich phantasievollere Methoden, seinem Gegner Verdruß zu bereiten, ohne daß er gleich für eine Steigerung des Bruttoinlandsprodukts sorgen muß, um den angerichteten Schaden wieder zu beheben. Zudem treten in vielen Fällen die Kasko-Versicherungen für den Schaden ein, und die böse Tat zielt mehr oder minder ins Leere.

In Haidhausen, einem Stadtteil von München, der eine Zeitlang mal als Szenetip gehandelt wurde, stellten die auf Fußwegen abgestellten Wagen der auswärtigen Gäste zeitweilig eine arge Belästigung dar. Einigen Anwohnern platzte schließlich der Kragen, und sie fanden sich zur „Aktion Pffft!" zusammen. Man bastelte sich Ventilkappen, die mit einem Stift versehen waren. Drehte man daraufhin die Kappe auf ein Reifenventil, wurde dessen Dorn niedergedrückt und mit sanftem „Pffft!" senkte sich das Hindernis auf seinen Plattfuß. Die Aktion war so erfolgreich, daß selbst in Reiseführern davor gewarnt wurde, sein Vehikel in Haidhausen auf einem Bürgersteig abzustellen.

Ziemlich verleiden können Sie Ihrem Feind das Vergnügen am Autofahren, sofern es Ihnen gelingt, sein Vehikel im wahren Sinne des Wortes in eine „Stinkkarre" zu verwandeln. Die harmlosere Methode besteht darin, eine Wasserpistole mit Baldriansaft zu laden und damit Kühler und Lüftungsschlitze zu besprühen. Sobald Ihr Feind Fahrt aufnimmt, wird er meinen, er transportiere ein Rudel rolliger Katzen. Selbst der heißeste Katzennarr wird darauf lieber zu Fuß gehen, als sich diesen katerbetörenden Duft zuzumuten. Die häßlichere Variante der Methode „Duft rein, Fahrer raus" beruht auf einer mit Buttersäure gefüllten Spritze. Mit einer entsprechend starken Kanüle können Sie damit durch die Fensterdichtungen in den Innenraum des Wagens stechen und die Säure versprühen. Buttersäure hat die Eigenschaft, daß sie einen besonders üblen Geruch verströmt, der an einen ungewaschenen Menschen mit voller Hose erinnert. Noch dazu ist es ein sehr anhaftender Geruch, der einen über Wochen in der Nase kitzelt. Da Buttersäure recht dickflüssig ist, vermischen sie Kenner dieser Praktik mit Wasser oder Alkohol. Jedenfalls wird Ihr Feind nach einem solchen Anschlag die Vorteile eines Cabriolets selbst im Winter zu würdigen wissen.

Der alte Lausbubenstreich, den Auspuff eines Autos mit einem Korken zu verschließen, funktioniert zwar heute noch wie damals. Nur haben sich mittlerweile die Auspuffquerschnitte so weit vergrößert, daß Sie nur noch bei wenigen Typen mit einem Weinflaschenkorken auskommen werden. Der gewünschte Effekt eines Auspuffpfropfens stellt sich erst nach ein paar hundert Metern ein, wenn die ersten Fehlzündungen das Ohr Ihres Feindes entzücken. Und da die wenigsten Autofahrer mit solchen Tönen heute noch etwas anfangen können, wird er wohl so lange knatternd weiterfahren, bis sein Vehikel streikt. Dafür wird sich der Monteur über den flotten Auftrag freuen. Stöpsel raus und trocken starten und eine saftige Rechnung stellen. Weit mehr gefällt mir allerdings das Vorgehen mancher Spaßvögel, die für ihren Widersacher an einem beschaulichen Bastelabend mit viel Geschick einen Propfen mit Pfeife zusammenbosseln. Der Schreck für das Opfer ist zwar meist nur kurz, doch irgendwie hat das ganze mehr „Pfiff".

Falls Sie einmal ein altes Getriebe öffnen, sollten Sie vorsorglich das verdreckte Öl für eine eventuelle spätere Herzensfeindschaft in einer Dose beiseite stellen. Schließlich weiß man ja nie ... Ihr Feind wird jedenfalls – wie seinerzeit das HB-Männchen – aus dem Anzug steigen, sobald Sie ihm mit der Schmiere die Klinke seines Wagens bekleckern. Beschmieren Sie nur die Innenseite der Klinke, wird selbst der gerissenste Fuchs sein Fett abbekommen. Übrigens macht solches Vorgehen auch Radfahrern Laune, denen Sattel oder Griffe entsprechend präpariert wurden.

Zwar ist diese Spruchweisheit unbestritten gültig, allerdings dürfen Sie sich als Rachegieriger ohne größere Gewissensbisse darüber hinwegsetzen.

> Der schlimmste Hund im Land ist der Denunziant

Schließlich denunzieren Sie nicht, sondern rächen sich! Von daher dürfen Sie Ihren Feind gewissenlos in die Bredouille bringen, sofern Sie etwas über seine kleinen Schwindeleien und schmierigen Geheimnisse wissen. Plaudern Sie darüber frei von der Leber weg, wann immer Sie ein offenes Ohr finden. Insbesondere die verschiedenen Ämter schwingen sich liebend gerne zum Vollstrecker rachedürstender Seelen auf, sobald sie davon erfahren, daß Ihr Gegner seine Hundesteuer nicht bezahlt, zu den Schwarzhörern zählt, seine Steuerbelege fälscht, seinen Wintergarten schwarz gebaut hat oder eine illegale Waffe im Schlafzimmerschrank aufbewahrt. Allerdings sollten Sie schon genaue Daten liefern, denn so vage Mitteilungen wie „Herr X setzt unberechtigterweise Restaurantrechnungen von der Steuer ab" locken nämlich keinen Steuerprüfer hinterm Ofen hervor.

Damit eine Behörde zum Vollstrecker des Rächers wird, müssen in der Regel handfeste Gründe dasein, damit sie auch einschreitet. Mit Kleinkram gibt man sich auch dort nicht gerne ab. Anders ist dies freilich bei Umweltschutzämtern. Da die fleißigen Beamten dort die großen Dreckspatzen nur selten so beißen dürfen, wie sie es gerne wollten, müssen sie ersatzweise auf die kleinen Schmutzfinken ausweichen. Von daher sind ihnen in manchen Gemeinden schon liederliche Mülltrenner ein Strafmandat wert. Und daß wir alle mal eine kleine Umweltsünde begehen, liegt in der Natur der Verordnungswut unserer Gesetzgeber. So muß man gar nicht erst sein Auto auf der Straße waschen, um fällig zu sein, es genügt beispielsweise schon, einen Baum ohne Erlaubnis zu fällen oder die falschen Blumen zum Muttertag zu pflücken. Einem Rächer mit offenen Augen bietet der grüne Sektor jedenfalls ausreichend Fallen, in die er seinen Feind hineintappen sehen kann.

Und falls Sie kein des Verrats würdiges schmutziges Geheimnis Ihres Feindes kennen, so sollten Sie mit ihm, sofern es noch möglich ist, ein Gespräch unter Kumpanen führen. Bezichtigen Sie sich dabei selbst der unmöglichsten Fehltritte, aber auf keinen Fall der Wahrheit, um ihn aus der Reserve zu locken. Nach der zwangsläufigen Dynamik eines solch konspirativen Gesprächs dürften Sie danach genug Informationen besitzen, um Ihren Gegner ordentlich in die Pfanne hauen zu können.

Schlüpfrige Rachegelüste

Erkundigt man sich bei manchen Zeigenossen über ihre Rachephantasien, entschlüpfen einigen fast ausschließlich boshafte Zweideutigkeiten, mit denen sie das Schamgefühl eines möglichen Gegners verletzen wollen würden. In Zeiten wie heute aber, in denen so gut wie jede sexuelle Merkwürdigkeit, die man praktizieren kann, zum Gegenstand öffentlicher Bekenntnisse im Fernsehen und allen möglichen Magazinen geworden ist, mag einen dies mehr als verwundern. Andererseits zeigen solcherart Rachephantasien auch auf, daß die scheinbare sexuelle Liberalität unserer Gesellschaft in gewissem Maße eben doch nur eine angebliche ist. Folglich gehen gezielte Anschläge unter die feindliche Gürtellinie nur bei äußerst abgebrühten Feinden daneben.

> **Ein Kondom gehört zum guten Ton**

Die Möglichkeiten, seinen Feind mit einem unmoralischen Streich in Verlegenheit zu bringen, sind wahrscheinlich so vielfältig wie es Stellungen im Kamasutra gibt. Das gängigste Mittel, seiner schlüpfrigen Rachephantasie Leben einzuhauchen, dürfte derzeit wohl das Kondom sein. Obgleich uns Kondome allerorten von Plakatwänden und sonstigen Werbeträgern entgegenglitzern, sind sie zum falschen Zeitpunkt und am falschen Ort richtig plaziert immer noch für eine satte Verlegenheit und ein Paar rote Ohren gut. Wobei grundsätzlich gilt, daß nur ein abgerolltes Kondom für entsprechendes Aufsehen und Empörung gut ist. Zudem ziehen erfahrene Rächer hautfarbene Exemplare, wegen ihrer besseren Wirkung, den schickeren bunten vor.

Wegen seiner enormen Elastizität werden Kondome von Lausbuben als Ballons oder mächtige Wasserbomben weit mehr geschätzt als jeder Luftballon. In gleicher Weise lassen sie sich auch für manchen Racheakt verwenden, so zum Beispiel wenn Sie unter die bunten Luftballons der Geburtstagsdekoration Ihres Feindes einige aufgeblasene Kondome schwindeln; wobei hier einem nur auf Gebrauchsgröße aufgepusteten Gummi im allgemeinen weit mehr Beachtung geschenkt werden wird als einem prallen Ballon. Ein anderer beliebter Lausbubenstreich ist ebenfalls für eine kleine Rache gut. Stülpen Sie ein Kondom über den Auspuff des feindlichen Autos und verleihen Sie ihm mit einem kräftigen Gummiband zusätzlichen Halt. Es wird sich nach dem Start des Motors schnell zu einer beachtlichen Blase aufblähen und schließlich, sofern Ihr Feind diese nicht im Rückspiegel entdeckt, mit einem satten Knall zerplatzen.

Freilich kommen solche Scherze im Grunde genommen nur einem mahnenden Zeigefinger des Rächers gleich. Hingegen ist ein abgerolltes Kondom in die Aktentasche des Feindes oder in die Handtasche der Feindin hineingeschmuggelt schon eine arge Belästigung. Vor allem dann, wenn es scheinbar deutliche Gebrauchsspuren aufweist. Solche Gebrauchsspuren lassen sich sehr leicht herbeizaubern, indem Sie das Präservativ mit ein wenig Körperlotion oder einem Klecks Spucke füllen. Eine kleine Prise Mehl spurenweise auf die Außenhaut aufgebracht und der erwünschte Ekeleffekt ist garantiert. Solchermaßen präparierte Gummis lassen sich schnell und unbemerkt fast überall plazieren. Wirkung zeigen sie insbesondere, wenn sie über Türklinken, Schirmkrücken, Kaffeekannentüllen, Autoscheibenwischer und sonstige herausragende Gegenstände des täglichen Gebrauchs gezogen werden. Derweil sich Sportsfeinde mit eingeschmuggelten Kondomen in Hosentaschen, Socken oder Schuhen wechselseitig beglücken dürfen. Einem Bücherwurm hingegen können Sie ein Präservativ als Lesezeichen verehren, während Sie einem Naturköstler seine ungespritzten Karotten für die kleine Pause darin verpacken. Die Möglichkeiten, die an und für sich nützlichen Gummis zum Schrecken des Feindes unnütz zu verlegen, sind jedenfalls vielseitig. Schon allein aus diesem Grunde gehört ein Kondom als treffende Ekelhaftigkeit in die Hand eines jeden Rächers.

Bei Anruf Sex?

Seinem Feind obszöne Anrufe zukommen zu lassen ist seltsamerweise eine Rachemethode, die unter zerstrittenen Paaren äußerst beliebt ist; welches Defizit damit freilich ausgeglichen werden soll, dafür mögen wohl nur Hinterhofpsychologen eine schlüssige Erklärung parat haben. Vielleicht aber wird diese Form der Rache vor allem deshalb gewählt, weil man berechtigterweise davon ausgeht, daß solche Anrufer besonders hartnäckig sind und den verhaßten Partner bis zum Wechsel seiner Telefonnummer verfolgen.

Das gängigste Schema, seinem Feind schmierige Anrufer auf den Hals zu hetzen, liegt in der Verbreitung der Telefonnummer in öffentlichen Toiletten oder Pornokinos und anderen einschlägigen Orten. Wobei es hier keine erkennbaren geschlechtsspezifischen Unterschiede gibt, sowohl in Herren- als auch in Damentoiletten finden sich entsprechend eindeutige Aufforderungen mit Telefonnummern. Wie viele davon einem echten Bedürfnis entsprechen und wie viele von Rächerhand stammen, darüber mögen sich letztlich Experten streiten. Immerhin ergab ein von mir durchgeführter Test mit zehn wahllos herausgesuchten Nummern, daß nicht eine einzige einem echten Bedürfnis entsprach, sondern allesamt aus Rachsucht preisgegeben wurden. Woraus zu schließen ist, daß eine solchermaßen hingekritzelte Nummer aus eben diesem Grund von einschlägig Interessierten viel weniger beachtet werden dürfte, als man sich das als rächender Geist wünscht.

Wohl aus dieser Überlegung heraus gehen manche Rächer lieber gleich auf Nummer sicher und deshalb einen anderen Weg. So zum Beispiel Jana, die ihrem geschiedenen Mann Egon dadurch nachstellen ließ, daß sie eine Annonce in einem erotischen Kontaktmagazin unter der vielsagenden Rubrik Modelle veröffentlichte. In der Anzeige ließ Jana ein exotisches Busenwunder seine Dienste anbieten. Mit der Telefonnummer veröffentlichte sie zugleich die Anschrift ihres Ex, worauf Egon mal am Telefon, mal vor der Haustür über Wochen hinweg liebestolle Freier abweisen durfte.

Eine andere, von ihrem Liebhaber Enttäuschte, verriet mir indes, daß sie unter der Telefonnummer ihres Verflossenen für kostenlose Sexgespräche warb, worauf sich dieser schleunigst einen neuen Anschluß zulegte.

Die vorher erwähnte Geschichte von Jana und Egon erhielt allerdings eine für Jana unerwartete Wendung, da sich Egon an einer Hand abzählen konnte, wen er für all die lüsternen Störer vor seiner Wohnungstür verantwortlich machen durfte. Also heftete er einen Zettel mit dem so scheinbar harmlosen Text *„Erteile gründlichen Französischunterricht"* mit Janas Telefonnummer an das Schwarze Brett der Mensa. Worauf sich Jana ihrerseits über zu wenig Anrufe nicht mehr beklagen mußte.

Viele Männer glauben, einer Feindin besonders Schreckliches anzutun, wenn sie ihr einen Vibrator oder Dildo ins

Ringelschwänzchen und Godemiché

Haus schicken. Die beachtlich hohen Umsatzzahlen solcher Teile lassen jedoch vermuten, daß sich der Schrecken darüber bei den solchermaßen Beschenkten eher in Grenzen halten dürfte. Peinliches Erröten löst eine derartiges Geschenkpäckchen schon eher dann aus, wenn Sie es per Post an den Arbeitsplatz der Betroffenen schicken. Wobei der Hinweis „zu Händen von Frau ..." auf der Adresse üblicherweise genügt, da solchermaßen adressierte Sendungen für gewöhnlich in der Poststelle geöffnet werden. Für hämisches Getuschel unter den Kollegen dürften Sie mit einem solchen Streich dann jedenfalls gesorgt haben.

Ein besonders krasser Fall wurde mir von Iris geschildert, die mit ihrem Anschlag die ansonsten übliche Rollenverteilung bei dieser Form der Rache durchbrach. Nachdem ihre Beziehung mit William in die Binsen gegangen war, meinte dieser, schlecht über seine Verflossene reden zu müssen. Freunde trugen Iris die Gemeinheiten jedoch, wie so oft, brühwarm wieder zu. Iris geriet darauf derart in Rage, daß sie sich einen besonders maliziösen Streich für ihren Ex ausdachte. William hatte eine besondere Neigung für alle Arten von Sexspielzeug. Es verging kaum eine Woche, da er nicht mit irgendeinem Artikel nach Hause kam. Während ihrer einjährigen Beziehung zu ihm, lernte Iris so ziemlich die ganze Palette, die ein gut sortierter Erotikshop zu bieten hat, mit mehr oder weniger Vergnügen am eigenen Leibe kennen. Nachdem sie sich von William getrennt hatte, blieb ihr eine gut gefüllte Schublade mit diversen Utensilien erhalten. Diese Teile packte Iris in einen Karton und machte sich auf den Weg, um ihren Ex an seinem Arbeitsplatz in einem Großraumbüro zu besuchen. Dort leerte sie die Kiste über seinem Schreibtisch aus und bemerkte trocken und für alle Umstehenden laut hörbar: „Das hast du Großmaul bei deinem Auszug vergessen einzupacken!" Danach machte sie auf dem Absatz kehrt und ließ einen vor Peinlichkeit in seinen Stuhl versinkenden William zurück. Daraufhin war der gute Mann in der Folgezeit, zumindest was Iris betraf, ungewöhnlich schweigsam.

Einen wiederum anders gelagerten Fall durfte ich vor einigen Jahren aus nächster Nähe selbst verfolgen. Ulrich und Bärbel waren für wenige Tage ein Paar. Wobei sich Ulrich von Bärbel, einer eindrucksvollen Schönheit, schon nach wenigen Tagen trennte, da sie ihm im Bett zu langweilig war. Wohl aus Enttäuschung darüber, daß diese Schönheit so einen Makel besaß, bestellte er sich bei einem Metzger ein Schweineschwänzchen. Dieses Ringelschwänzchen schickte er darauf schön verpackt in Bärbels Büro. Der Schlag, den er ihr damit versetzte, saß wirklich tief. Auch mein Einwand, daß Ulrich mit seiner häßlichen Rache eher einen Schuß nach hinten setzte – schließlich konnte man anhand dieses Geschenks ebensogut über seine Männlichkeit munkeln – wollte Bärbel nicht trösten. Gleichwohl bin ich auch heute noch davon überzeugt, daß diese Form der Rache eher einer Frau zu Gesichte stehen würde. So möchte ich diesen Streich eigentlich allen Rächerinnen empfehlen, die mit ihrem Ex noch ein Hühnchen zu rupfen haben. Wobei ein solch abschließender bildhafter Kommentar über das beste Stück des Mannes bei manchem davon betroffenen bleibende Erektionsstörungen verursachen könnte; was letztlich nur im Sinne der rächenden Frau sein dürfte.

Erotische Kontaktmagazine sind gewissermaßen ein Jahrmarkt sexueller Gelüste und Unlüste. Ebenso eignen sie

> **Fundgrube Kontaktmagazin**

sich dazu, um seinen Feind mit allerlei skurrilen Leuten bekannt zu machen, denen er sonst kaum in seinem Leben begegnen dürfte. Um in dieser Weise das Schamgefühl Ihres Feindes zu verletzen, müssen Sie allerdings die Mühe auf sich nehmen und dem kontaktsuchenden Lüstlingen einen entsprechend animierenden Leserbrief schreiben. Allerdings dürfte es nur selten vorkommen, daß sich der von Ihnen im Namen Ihres Gegners Umworbene auch tatsächlich auf den Weg zu Ihrem Feind macht. Bei Inserenten mit etwas ungewöhnlichen Vorlieben hingegen mag mangels allgemeiner Gegenliebe die Chance dafür sicher etwas höher liegen.

Jedenfalls dachte sich dies Tamara, als sie sich einen Racheplan gegen Antonio zurechtlegte. Sie suchte gezielt nach Annoncen von Voyeuren und schrieb diesen dann, daß in Antonios Garten an warmen Tagen heiße Spielchen veranstaltet würden. Und um die Erregung um einen Kick höher zu schrauben, wünsche sich der Hausherr ein paar Spanner, die die Szenerie vom Gartenzaun aus beobachten möchten. In dieser Weise lud Tamara über einen längeren Zeitraum hinweg Dutzende von Voyeuren vor Antonios Haus. Der aber verbrachte darauf während der folgenden Sommermonate seine lauschigen Abende lieber im Wohnzimmer statt auf der Terrasse, da die Prozession über seinen Gartenzaun Gaffender sehr zu seiner Verwunderung einfach nicht abreißen wollte.

Einen anderen fiesen Racheakt tat Sonnfried seinem krankhaft eifersüchtigen Feind Bruno an. Er annoncierte ebenfalls in einem erotischen Kontaktmagazin. Allerdings warb er darin im Namen von Brunos Frau, die sich als lüsterne Ehehälfte ein paar potente Seitenspringer suchte. Als die ersten Stapel Briefe zum Teil mit eindeutiger Bebilderung bei Bruno eintrafen, drehte dieser fast durch. Und erst als ihm seine Frau nüchtern und eingängig darzulegen vermochte, daß eine derartige Kontaktanzeige nur von einem ihm Bösgesonnen geschaltet worden sein mußte, beruhigt sich der gute Bruno wieder. Gleichwohl brauste er über Wochen hinweg jedesmal erneut auf, sobald wieder frische „Fanpost" an seine Frau im Briefkasten lag.

Manche rachedürstende Seele glaubt,

| Playgirl oder Playboy |

dadurch Genugtuung zu finden, daß sie ihren Feind per Post mit pornographischen Magazinen eindeckt. Allerdings ist es bei dieser Variante der schlüpfrigen Rache wiederum fraglich, ob man damit seinem Feind nicht eher einen Gefallen erweist. Jedenfalls reagieren nur ausgesprochen keusche Zeitgenossen auf solche Zusendungen mit der erhofften moralinsauren Empörung. Anders sieht die Sache allerdings aus, sobald Sie solche Magazine im Namen Ihres Feindes bestellen; schließlich wollen die wenigsten für dieserart unbestellten Schund auch noch Geld ausgeben. Freilich wird es mit der Rücksendung an den Vertrieb der

Magazine schwer, sobald Heftchen und Rechnung mit ge-
trennter Post verschickt werden. Denn bis die Rechnung
eintrudelt, dürfte das Schmuddelheft entweder schon beim
Altpapier gelandet sein oder aber einige Eselsohren aufwei-
sen und Ihr Feind daher um die Begleichung der Forderung
nicht herumkommen. Damit sich Ihr Opfer auch in diesem
Sinne verhält, sollten Sie sich auch darum bemühen, seinen
Geschmack zu treffen. Das bedeutet: einen weiblichen
Feind verwöhnen Sie am ehesten mit Bildern stattlicher
Männer, während Sie einem Mann zusenden, was Mann
gerne sieht.

Gänzlich anders kommt allerdings die Versendung solcher Magazine an, sobald Sie diese im Namen Ihres Feindes
an dessen Bekannte schicken. Er wird darauf in den Augen
seiner Freunde als der ebensolche grobe Lackel erscheinen,
wie Sie ihn sehen. Damit seine Geschmacksverirrung bei
seinen Freunden auch richtig ankommt, wickeln Sie die
Heftchen am besten in Geschenkpapier und fügen noch eine
jener unseligen Glückwunschkarten bei, die vor dümmlichen Witz nur so triefen.

Rache kreuz und quer

Nicht immer ist es ein Gegner wert, daß wir uns für ihn einen ausgetüftelten Racheplan zurechtlegen. Die Beweggründe hierfür mögen dabei durchaus unterschiedlich sein, mal mag es dem Feind an Größe mangeln, mal mag die Feindschaft nicht zu tief gehen. Jedenfalls halten wir den Widersacher nur für einen Streich gut, mit dem wir ihm einen Denkzettel verpassen.

Deshalb soll neben den bislang unterbreiteten Vorschlägen, wie Sie Ihren Rachedurst stillen können, an dieser Stelle eine bunte Mischung unterschiedlicher Vergeltungsmaßnahmen vorgestellt werden. Betrachten Sie dieses abschließende Potpourri als ein Feuerwerk oder ein Bouquet, aus dem Sie sich die schönste Racheblüte oder die kräftigste Rakete auswählen dürfen, um Sie Ihrem Feind zu präsentieren. Zugleich soll Sie die unterbreitete Fülle zu weiteren Einfällen animieren, schließlich umfaßt das wahre Buch der Rache, das nur das Leben selbst schreiben kann, noch etliche Seiten mehr als diese Fibel.

Der Feind hat einen Namen

So manches Mal führt uns das Schicksal mit einem Mitmenschen zusammen, der uns nicht zur Nase steht. Wagt es dieser natürliche Widerling dann noch, einem einen Stein in den Weg zu rollen, oder kommt er uns nur ein wenig krumm, so haben wir augenblicklich einen Feind mehr auf dieser Welt. Und gehen wir auseinander, ohne die Gelegenheit zur Rache ergriffen zu haben, mag uns dieses Versäumnis noch eine gute Weile wurmen. Dabei bietet sich uns recht häufig die Chance, den scheinbar anonymen Feind zu identifizieren, um ihm zu einem späteren Zeitpunkt den verdienten Schlag zu versetzen. Schließlich gebietet es im alltäglichen Miteinander längst der gute Ton, daß beinahe so gut wie jedermann auch seinen Namen zu erkennen gibt. Sei es im Taxi, auf einer Behörde, im Kaufhaus, Kino, Postamt oder sonstwo, der Feind hat einen Namen und zeigt ihn auch meist.

Achten Sie darauf, und Sie wissen, an wen Sie sich mit Ihrem Rachedurst wenden dürfen. Und sollte der Name Ihres Widersachers nicht an seiner Brust oder Tür prangen, sollten Sie ihn ungeniert danach fragen, Sie werden kaum belogen werden. Mag er ihn indes nicht verraten, so gibt es für gewöhnlich immer ein paar nette Leute in seiner Umgebung, die Ihnen darüber gerne Auskunft geben. Mit dem Namen des Feindes aber haben Sie meist auch seine Adresse und damit ein Ziel für Ihren Vergeltungsschlag. Das Telefonbuch beziehungsweise das Einwohnerverzeichnis Ihrer Gemeinde hilft Ihrer Rache dabei sicher auf die Sprünge.

Hilmar, ein gelernter Florist, der mittlerweile als Fotograf seine Brötchen verdient, hat für sich ein allgemein empfehlenswertes Racherezept gefunden, wie man mit den kleinen Feinden des Alltages umspringen sollte. Da Hilmar die Sprache der Blumen nicht vergessen hat, rächt er sich, indem er einen kleinen Strauß per Blumendienst an die Adresse seiner Widersacher ausliefern läßt. Hierfür wählt er stets ein distanziertes Gelb als Blütenfarbe und läßt den Strauß mit Eichenzweigen ausschmücken, womit er durch die Blume seinen Kampfeswillen bezeugt. Das eigentliche Element seiner Rache besteht jedoch aus einer von ihm beigegebenen Dekoration in Form eines großen selbstgebastelten Knallbonbons. Denn sobald der Feind das Knallbonbon voll Neugier aufreißt, wird ihm eine Handvoll Katzenkot entgegenpurzeln. Und vom beigegebenen Grußzettel darf er darauf Hilmars gutmeinende Warnung ablesen: „Paß gut auf Dich auf, Du Scheißkerl!" Ob seine Feinde trotz alledem noch Freude an dem Strauß hatten, konnte mir Hilmar freilich nicht verraten. Allerdings weiß ich aus eigener Erfahrung, daß einen ein solcher Denkzettel über den Tag hinaus in einer gewissen Sorge hält. Also Zeit genug für den Widersacher, um in sich zu gehen.

Meine beste Feindin | Frauen hegen häufig ein sehr gespanntes Verhältnis zueinander, das man gemeinhin auch treffend als „Stutenbeißen" umschreibt. Für eine Feindschaft unter Frauen genügt es beispielsweise bereits, wenn eine andere dieselbe Bluse trägt wie man selbst. Und falls Blicke töten könnten, so würden schon allein den Weg mancher Frau zum nächsten Supermarkt die Leichen ihrer Mitschwestern säumen. Von daher ist es keine Seltenheit, daß die beste Freundin einer Frau zugleich ihre beste Feindin sein kann. Solch biestigen Frauen muß man freilich kaum eine Lektion in Sachen Rache erteilen, sind sie doch darin so wief wie Katzen bei der Mäusejagd.

So empfehlen sie etwa ihrer Feindin mit zuckersüßem Lächeln die miserabelste Kosmetik, die sie aussehen läßt, als wäre sie Frankensteins Kabinett entsprungen. Falls ihr Opfer dennoch zweifelnd in den Spiegel schaut, weiß die rächende Fee ihr mit überzeugenden Worten die Fratze schönzureden.

Ebenso versteht sie es stets aufs neue, mit gutmeinendem Rat die äußerlichen Schwachstellen der Feindin, sei es ein Fältchen hier oder ein Fettpölsterchen da, zu thematisieren und somit an deren Selbstbewußtsein herumzusägen.

Gleichermaßen gerne mischt sie sich in die Beziehung der Widersacherin ein. Dazu erzählt sie zunächst, wie prima es in ihrer eigenen Beziehung klappt und was für ein Traummann ihr Liebster sei. Bekommt ihr Gegenüber darüber eine neidische Nase, wechselt sie geschickt von Neid zu Trost. Wobei ihre tröstenden Worte wie schleichendes Gift die Beziehung der liebsten Feindin zersetzen. Danach aber prügelt sie in gehässiger Freude mit der Bedauernswerten auf deren Partner ein, damit bei ihr auch der letzte Rest an wechselseitiger Achtung zerstört wird.

Zum guten Ton unter befreundeten Feindinnen gehört es außerdem, der Gegnerin prinzipiell die fiesesten Typen schönzureden; des weiteren die Konkurrentin in die unmöglichsten Klamotten zu stecken; sie zu Gesellschaften zu schleppen, auf denen sie sich garantiert deplaziert vorkommt; ihr den größten Grobian als genialsten Arzt zu empfehlen; ihr die langweiligsten Treffpunkte als mega-in anzupreisen; und nicht zuletzt diese beste Feindin hinter ihrem Rücken bei jeder sich bietenden Gelegenheit als die dümmste Pute der Stadt herunterzumachen.

Mit „Plottern" wird eine besondere Form schamloser Angeberei umschrieben. Da sie auch unter Feindinnen äußerst beliebt ist, sei sie an dieser Stelle erwähnt. Beim Plottern geben Sie in tiefstapelnder und bewußt beiläufiger Weise mit Ihrer scheinbaren Bekanntschaft mit Prominenten an. So sollten Sie beispielsweise bei der Übertragung eines Fußballänderspiels, bei dem die deutsche Mannschaft verliert, ganz nebenbei erwähnen, daß es genau so gekommen ist, wie es Ihnen Berti (der Fußballnationaltrainer) beim gestrigen Telefongespräch leider vorausgesagt hatte. Die zweifelnden und zugleich bewundernden Blicke der Umstehenden werden Ihnen gewiß sein. Besonders harmlose Gemüter lassen sich durch geschicktes und nicht überzogenes Plottern leicht in Rage bringen. An ihren Augen dürfen Sie dann ablesen, wie es mal wieder vor Neid in der feindlichen Seele brodelt und kocht.

> Heute schon geplottert?

Ein einmal in die Welt gesetztes Gerücht entwickelt meist seine eigene Dynamik. Von Mund zu Mund weitergetragen, wächst es sich allmählich zu ei-

> Das Gerücht, ein schleichendes Gift für den Feind

nem üblen Gemenge aus, dem am Ende mehr Wahrheit beigemessen wird als jeder Wirklichkeit. Ein solchermaßen starkes Gerücht könnte dann selbst ein Herkules nicht mehr entkräften.

Damit aus einem scheinbar harmlosen Gerede ein übles Gerücht werden kann, sollten Sie sich nicht allzuweit von der Wahrheit entfernen. Es genügt, das, was ein jeder von Ihrem Feind weiß und sieht, nur ein wenig zu überspitzen und mit Mutmaßungen anzureichern, mit denen Sie anschließend Ihre weiteren Folgerungen begründen.

Auf diese Weise gelang es etwa Felix, seinen Erzfeind Enno in ein schiefes Licht zu bringen. Enno, ein angestellter Handwerker, war über die Jahre durch Sparsamkeit zu einem kleinen Vermögen gekommen. Diesen Umstand nützte Felix, indem er am Stammtisch und jeder anderen sich bietenden Gelegenheit vor sich hinbrabbelte: „Also ich weiß nicht, das Geld, das der Enno hat, das kann man sich mit Arbeit ehrlicherweise nicht verdienen. Und so sparsam, wie er sich gibt, ist er auch nicht. Schaut nur sein Auto an. Also da wird schon viel hintenherum gehen. Und wenn der so weitermacht, dann werden sie ihn irgendwann einmal kassieren!" Felix' Gerede stieß auf dankbare Zuhörer, und alsbald wurde im ganzen Ort über Enno geflüstert. Nach einer Serie von Einbrüchen im Nachbarort schaukelte sich das Gerücht gar so weit auf, daß selbst der ferne Amtsrichter daran glauben wollte und der Polizei eine Hausdurchsuchung bei Enno erlaubte. Selbstverständlich war die Suche ergebnislos, dem Gerücht tat dies jedoch keinen Abbruch. Seitdem wird Enno bis auf die wenigen, die ihn gut kennen, im Ort besonders scheel angesehen. Enno aber kann nur darauf hoffen, daß sich das öffentliche Interesse bald wieder den tatsächlichen Spitzbuben im Dorf zuwendet. Währenddessen sitzt Felix weiter am Stammtisch und lauscht voll racheseliger Schadenfreuden dem üblen, von ihm in die Welt gesetzten Gerücht.

Zwei Fliegen mit einer Klappe schlagen
Sie, falls es Ihnen gelingt, zwei Ihrer
Feinde aufeinander zu hetzen. Auch

> **Ein Feind für den Feind**

hier hilft Ihnen das Ausstreuen von Gerüchten, Bewegung
in die Feindschaft zu bringen. Erzählen Sie unter dem Siegel
der Verschwiegenheit dem einen Feind ein gemeines Schauer-
märchen darüber, was der andere über ihn gesagt habe,
und umgekehrt. Alsdann müssen Sie sich nur noch zurücklehnen und dem gehässigen Treiben genüßlich zuschauen,
mit dem sich Ihre Feinde gegenseitig nachstellen werden.
Allerdings besteht bei solcherart Ränkeschmiederei die Gefahr, daß Sie selbst unter die Räder kommen, sofern sich Ihre beiden Feinde über ihre Quelle austauschen. Von daher
empfiehlt es sich, das hinterhältige Geschwätz im jeweiligen
Freundeskreis der Feinde zu verbreiten. Hierbei können Sie
sich mit Sicherheit darauf verlassen, daß das leere Gerede
Ihren Feinden von sensationslüsternen Quatschköpfen
brühwarm zugetragen wird.

Sich mit einer Behörde zu verfeinden
ist wahrlich kein Kunststück; schließlich können einem die Paragraphenrei-

> **Der Feind sitzt im Amt**

ter in den diversen Amtsstuben das Leben ganz schön
schwermachen. Andererseits kann man auch als Bittsteller
den Amtsschimmeln die gute Laune ganz schön verderben.
Falls Sie einen Beamten in Ihrem Bekanntenkreis haben,
sollten Sie sich von ihm bei nächster Gelegenheit sein Klagelied vorsingen lassen. Sie werden von der Penetranz Ihrer
Mitbürger überwältigt sein, andererseits werden Sie auf diesem Weg auch so manches Erwägenswerte heraushören,
was Ihnen im Falle der Rache hilfreich sein kann.

Müde und untätige Amtsschimmel, die auf Ihre Einga-
ben und Briefe nicht antworten wollen, bringen Sie dadurch
auf Trab, daß Sie ihnen mit Untätigkeitsklage vor dem Ver-
waltungsgericht drohen. Auch die Beschwerde bei Vorge-

setzten und Behördenleitern kann einen Miesepeter von Beamten über Nacht in die Freundlichkeit selber verwandeln. Sofern Ihre Rüge keine Wirkung zeigt – schließlich stinkt der Fisch vom Kopf her –, steigen Sie eine Stufe weiter; denn selbst der höchste Beamte hat noch einen Vorgesetzten.

Eine andere Variante, seinem Anliegen Geltung zu verschaffen, ist der persönliche Gang ins Amt. Wobei Sie hierfür schon über eine gute Portion Standvermögen verfügen sollten. Versteht man es doch in jeder Behörde, seine Kundschaft warten zu lassen, deshalb sollten Sie sich andererseits um deren willkürlich plakatierte Bürozeiten nicht scheren. Verlassen Sie das Büro Ihres Feindes zudem erst dann, wenn er Ihre Angelegenheit geregelt hat. Er könnte zwar, um Sie los zu werden, von seinem Hausrecht Gebrauch machen, doch das wird er sich dreimal überlegen. Haben Sie doch in solchen Fällen jeden Lokalreporter auf Ihrer Seite und darüber hinaus noch einen weiteren Grund zur Beschwerde, bis hin zur Klage wegen Kompetenzanmaßung. Sollte es indes dem Aktenschinder tatsächlich gelingen, Sie überzeugend abzuwimmeln, so drohen Sie ihm mit einem weiteren Besuch.

Wirkliche Haßgefühle auf seiten des Amtsschimmels können Sie auslösen, wenn Sie ihm seine ins Amtsdeutsch verschraubten Briefe zurücksenden und ihn höflich bitten, sich verständlich auszudrücken, da Sie nicht entschlüsseln könnten, was er Ihnen mitteilen möchte. Das entgegengesetzte Vorgehen erzeugt gleichermaßen hilflose Wut. Übertreffen Sie Ihren Widersacher im „Schraubdeutsch". Bilden Sie halbseitige Schachtelsätze, deren Aussagewert gleich Null ist. Und damit Ihr Gegner eine zusätzliche Freude an Ihrem Brief hat, dürfen Sie ihn selbstverständlich nur mit der Hand schreiben, womöglich noch behördengerecht in Süterlinschrift. In jedem Falle sollten Sie die persönliche

Note Ihrer Handschrift bis hin zur Unleserlichkeit hervorkehren.

Die Verwandlung des Menschen am Steuer eines Automobils dürfte eines der interessantesten psychologischen

Rache unter
Autofahrern

Phänomene sein. Jedenfalls mag diese Wesensveränderung jeder als Beleg anführen, der unsere nach wie vor steinzeitlich gestrickte Psyche beweisen will. Wobei weder Jäger noch Gejagte im Verkehr Unschuldslämmer sind. Daß die Jäger, sprich Verkehrsrowdies, eine lebensgefährliche Plage sind, dem dürfte kaum jemand widersprechen wollen. Aber auch die Gejagten sind nicht von schlechten Eltern. So weiß man aus Befragungen, daß so mancher Kleinwagenbesitzer ganz bewußt vor einem PS-starken Flitzer dahinschleicht, um hierdurch seine Unterlegenheitsgefühle auszukurieren.

Dementsprechend einfach ist es auch, einen gegnerischen Lenker derart zu provozieren, daß er aus dem Anzug steigt und binnen Sekunden eine Reihe verschiedenster strafwürdiger Handlungen begeht. Sei es, daß er zu dicht auffährt und in nötigender Weise die Lichthupe betätig oder rechts überholt, um einen danach vielleicht noch auszubremsen, oder aber einem per deutlichem Handzeichen zu verstehen gibt, daß man ein Volltrottel sei. Im Stadtverkehr muß man in solchen Fällen nur die nächste Rotampel abwarten, der Feind wird es darauf nicht versäumen wollen, aus seinem Wagen zu springen und seine vorbereitete Schimpftirade durch das heruntergekurbelte Fenster zu brüllen. Und da die wenigsten sich hierbei auch im Griff haben, dürfen Sie sich eine hübsche Sammlung Verbalinjurien anhören. Ihren Rachedurst aber darf von diesem Augenblick an der Amtsrichter stillen. Zeigen Sie Ihren Feind erbarmungslos auf dem nächsten Polizeirevier an, und er wird ein sattes Bußgeld zu berappen haben. Obendrein dürften ihm ein paar Punkte in der Verkehrssünderkartei sicher sein. Daß Sie ihn zu diesem Ausfall provoziert haben, wird er hingegen kaum beweisen können. Allerdings lohnt sich eine solche Provokation eines gegnerischen Verkehrsteilnehmers nur, sofern Sie auch einen Zeugen im Wagen haben.

Freude bereiten Sie einem motorisierten Gegner auch, wenn Sie seine Scheiben mit Lippen- oder Fettstift beschmieren. Schreiben Sie ihm am besten auf die Windschutzscheibe, was für ein gemeingefährlicher Idiot er ist. Auch durch niedliche Aufkleber, die Sie ihm an sein Heck kleben, können Sie Ihren Unmut kundtun. Wobei Sie solche Aufkleber vorziehen sollten, mit denen Sie Ihren Feind der allgemeinen Lächerlichkeit preisgeben. Die Auswahl an dumpfdummen Sprüchen, die scheinbar nur für diesen einen Zweck produziert werden, ist jedenfalls riesengroß. Eine zusätzliche Note erhält ein derartiger Anschlag, sobald Sie Ihrem Feind den Aufkleber über sein rückwärtiges Nummernschild kleben. Sofern er den Streich nicht selbst entdeckt, wird ihn gewiß die nächste Polizeistreife darauf aufmerksam machen. Auch das Abschrauben von Nummernschildern sorgt für ordentlichen Verdruß beim Gegner, darf er sich doch gleich einen halben Tag frei nehmen, um sich bei der Zulassungsstelle ein neues Schild zu besorgen.

| Mein Feind ein Dieb! | Abgrundtief böse war die Rache, die sich Susi ausgedacht hatte. Zu ihrer |

Entlastung sei erwähnt, daß es sich um einen Teenagerstreich handelte, der mittlerweile etliche Jahre zurückliegt und der ihr heute ehrlichen Herzens leid tut. Ihr Opfer war Irmgard, ihre Deutschlehrerin, von der sich Susi elend schikaniert fühlte. Der Zufall wollte es, daß beide nach dem Unterricht in einem nahen Supermarkt einkauften. Irmgard schob einen Einkaufswagen vor sich her und hatte ihre Einkaufstasche daran hängen. Als Susi sah, wie sie ihren Wagen unbeaufsichtigt stehen ließ, kam ihr der heimtückische Einfall. Sie schlich sich an den Wagen und ließ die Tafel

Schokolade, die sie gerade für sich aus dem Regal genommen hatte, in Irmgards Einkaufstasche fallen. Danach steckte sie, ganz die Unschuld vom Lande, dem Marktleiter, daß sie glaube, „daß die Frau da gerade eine Schokolade geklaut habe". Susi verkrümelte sich daraufhin sofort und beobachtete das weitere Schauspiel durch die Schaufensterscheibe. Die arme Irmgard, eine durch und durch ehrliche Haut, war einem Herzinfarkt nahe, als sie als Diebin an der Kasse gestellt wurde und dem Markleiter in sein Büro folgen mußte. Jedenfalls hatte Susi die nächsten vierzehn Tage vor ihrer Feindin Ruhe. Denn der Vorfall ging Irmgard derart nahe, daß sie sich krankschreiben lassen mußte.

Ebenso abgrundtief böse und noch dazu brandgefährlich ist die Empfehlung eines Rächers, seinem Feind einen per Farbkopierer gefälschten Geldschein so in den Weg zu legen, daß er ihn auch findet und ausgibt. Gottlob funktioniert diese Rachetat nur unter halbseidenen Leichtfüßen. Nachahmer dieser finsteren Rache sollten sich jedoch zuvor mit der Strafandrohung vertraut machen, die da lautet: „*Mit Gefängnis nicht unter zwei Jahren wird bestraft ...*"

Statt den unnützen Tand, mit dem sich Ihr Feind umgibt, durch zusätzliche Bestellungen noch zu vermehren, können

> Sparen für den Feind
> heißt kündigen

Sie sich auch in wahrer Fürsorge um dessen Reduzierung bemühen. Freilich sollten Sie hierzu etwas über seine Konsumgewohnheiten wissen. Welche Zeitung hat Ihr Feind abonniert? Wo hat er seinen Urlaub gebucht? Welchen Vereinen gehört er an? Und ähnliche Verpflichtungen mehr. Anschließend bleibt Ihnen nichts weiter zu tun, als im Namen des Feindes zu kündigen. Ihr Widersacher darf sich darauf die Augen reiben, sobald seine Kreditkarte nicht mehr akzeptiert wird, am Morgen keine Zeitung mehr vor der Tür liegt oder er in seinem Fitneßclub vor verschlossenen Türen steht. Je mehr Sie ihn in dieser Weise aus seinem gewohnten Trott stürzen, desto weniger wird er allerdings die ihm von Ihnen gegebene Freiheit zu schätzen wissen. Seien Sie darüber nicht allzu verbittert, denn Undank ist schließlich der Welten Lohn.

Falls Sie seinen Undank dennoch nicht überwinden können, sollten Sie Ihrem Widersacher zu noch größerer Freiheit verhelfen. Vielleicht kündigen Sie in seinem Namen seine Wohnung, damit er endlich einsieht, daß Habe uns Menschen nur unnötig bindet. Aber womöglich wird Ihr Feind auch diese außerordentliche Fürsorge nicht zu schätzen wissen, dafür aber seinem Vermieter einiges zu erklären haben.

| Der Rächer knipst mit |

Für Peinlichkeit und ebensolchen Verdruß können Sie sorgen, sofern es Ihnen gelingt, sich unbemerkt die Fotokamera Ihres Feindes auszuleihen. Eine Hauruckmethode, um hierbei dem Feind zu schaden, besteht darin, den in der Kamera befindlichen Film zu belichten. Ein ähnlich rabiates Mittel steht Ihnen bei Videokameras zur Verfügung. Hierzu müssen Sie nur mit der offenen Optik die strahlende Sonne filmen. Der Effekt ist jedenfalls vernichtend und ein dementsprechend lukratives Geschäft für den Reparaturservice. Allerdings sollten Sie bei diesem Anschlag keinesfalls durch den Sucher blicken! Selbst bei indirekter Optik kann es hierdurch zu Augenverletzungen kommen.

Weit mehr Vergnügen mag es einem Rachedurstigen jedoch bereiten, seinem Feind ein paar Bilder auf den Film zu schmuggeln, über die er, nachdem der Film entwickelt wurde, lange nachzudenken hat. So können Sie beispielsweise per Bild Ihrem Feind unmißverständlich mitteilen, wie Sie ihn einschätzen, indem Sie einen großen Hundehaufen oder das vielsagende Hinterteil eines Rindviehs in bildfüllender Nahaufnahme knipsen. Noch unmißverständlicher wird Ihre Botschaft, wenn Sie einen zuvor aufgesetzten Rachebrief an Ihren Feind mit seiner Kamera aufnehmen. Und da wir alle von Natur aus neugierig sind, wird auch Ihr Widersacher die Kosten nicht scheuen, sich das Foto auf Lesbarkeit zu vergrößern.

Wie man sich in Feindes Namen in seinen Briefverkehr einmischt, darüber wurde im Abschnitt „Geschäftsfeinde unter sich" bereits berichtet. Wie gesagt, lassen sich per Fotokopierer und Computer in einfacher Weise unverwechselbare Briefvorlagen herstellen und damit dann die hinterhältigsten Rachepläne verwirklichen.

> Briefe, die jeder gerne liest

Einen ungewöhnlichen Weg, um sich an ihrer Hausverwaltung zu rächen, ging beispielsweise Charlotte. Der Anlaß war eine kleine Reparatur in ihrer Wohnung, die die Hausverwaltung nach Charlottes Meinung ungerechtfertigterweise nicht übernehmen wollte. Daraufhin setzte sich Charlotte hin und schrieb an sich und alle anderen Mieter in ihrem Block im Namen der Hausverwaltung einen Brief, in dem sie einer saftige Mieterhöhung ankündigte. Die Aufregung unter den Mietern war dementsprechend groß, und die Hausverwaltung wurde mit bitterbösen Widersprüchen eingedeckt. Die Kosten, um allen Mietern mitzuteilen, daß sie einem gefälschtem Brief aufgesessen waren, überstiegen dabei bei weitem die strittige Summe. Der von Charlotte angerichtete Schaden war jedoch noch um ein Beträchtliches höher. Denn um keinen weiteren Ärger zu provozieren, setzte der Vermieter die eigentlich anstehende, beabsichtigte und notwendige Mieterhöhung um ein Jahr aus.

Für wesentlich mehr Verdruß hätte Charlotte freilich gesorgt, wenn sie namens ihrer Hausverwaltung die Miete im gesamten Block gesenkt hätte. Ein wahres Tohuwabohu im Zahlungsverkehr wäre entstanden. Denn schließlich hätte niemand der Hausverwaltung einen Dankesbrief geschrieben. Dafür aber wären etliche Daueraufträge geändert worden und ebensoviele Beschwerden am Monatsersten eingegangen, sobald die vermeintliche Mietminderung bei den Abbuchungen unberücksichtigt geblieben wäre. Vor allem hätte die Hausverwaltung das Dilemma zu lösen gehabt, ihren Mietern zu erklären, daß nicht wird, was sein sollte.

Auch mit scheinbar hoch offiziellen Anschlägen am Schwarzen Brett seines Feindes vermag ein Rachedurstiger wahre Begeisterungsstürme zu wecken. So brachte etwa Helmut seinen knickerigen Chef in arge Verlegenheit, als er ihn am Schwarzen Brett verkünden ließ, daß ein Betriebsausflug geplant sei und die „liebe Belegschaft" gebeten werde, annehmbare Vorschläge zu unterbreiten. Das Erstaunen wie auch die Freude darüber, daß der Chef sich hierzu überwinden konnte, hielten sich bei der Belegschaft gleichermaßen die Waage. Weit mehr staunte allerdings Helmuts Chef, als der Betriebsrat mit ihm über den vorgesehenen Betriebsausflug sprechen wollte. So ungewollt in der Bredouille, hatte der Gute lange mit sich zu kämpfen, was wohl die klügere Lösung sei, dem Betriebsfrieden einen Dämpfer zu versetzen oder zugunsten seiner Angestellten in die Tasche zu greifen. Egal, wie er sich entschied, so oder so hatte Helmut seine Rache. Zum guten Ende aber durfte er auf Kosten seines Chefs noch eine Fahrt ins Blaue genießen.

Die Moral von der Geschichte: Ziehen Sie Ihrem Feind die Spendierhosen an, und er wird sie kaum ablegen können, ohne sich zu blamieren!

Wenn man sich nicht mehr riechen kann

Wer kann schon seinen Feind riechen? Eben darum sollten Sie dafür Sorge tragen, daß es anderen genauso geht. Rücken Sie daher Ihrem Feind mit Düften auf den Leib, die ihn genau zu dem unerträglichen Stinktier machen, das er in Ihren Augen auch ist.

Fisch und Harzer Käse sind hier geradezu ideale Waffen in der Hand jedes Rächers. Solange sie noch frisch sind, lassen sie sich leicht unentdeckt deponieren, entwickeln sie doch ihren markanten Geruch erst nach einigen Tagen. Vor allem in feindlichen Räumlichkeiten vermag damit ein Rächer eine unverkennbare Duftmarke zu hinterlassen.

So hatte beispielsweise Lilo in einem Ferienappartement mit Fisch und Käse einen derartigen Gestank angerichtet, daß es von Grund auf gereinigt werden mußte und deshalb für vierzehn Tage leer stand. Anlaß für ihre Rache war, daß der Vermieter bei ihrem Auszug in unverschämter Weise Nachforderungen stellte, um so die Kaution zu kürzen. Lilo blieb darauf nur die Wahl, sich am Urlaubsort einen Anwalt zu suchen und über die Grenze hinweg einen mühseligen Prozeß zu führen oder auf die hinterlegte Kaution mehr oder minder zu verzichten. Sie entschied sich für letzteres, dafür verbrachte sie ihren letzten Ferientag damit, ihre Rache vorzubereiten. Dazu deckte sie sich mit frischem noch nicht ausgenommem Fisch und würzigem Käse ein. Zurück im Appartementhaus versteckte sie ihre „Duftbomben" an allen möglichen und unmöglichen Orten. Vor allem aber achtete sie darauf, daß der Gestank möglichst weit getragen werden konnte, damit seine Quelle nicht allzuschnell entdeckt wurde. So legte sie ihre Duftmarken hinter Lüftungsgittern ab und ließ sie in die Aufzugsschächte fallen. Bereits wenige Tage nach ihrer Abreise entwickelte sich der erhoffte bestialische Gestank. Über die Lüftung wurde er durchs ganze Haus getragen und durch den Sog des Fahrstuhls konnte er sich gleichfalls bis unter das Dach entfalten. Vom „ruchbaren" Erfolg ihrer Tat erfuhr Lilo übrigens von einer Bekannten, die zur selben Zeit in einem Hotel in der Nähe weilte.

Hervorragende Stellen für das Ablegen von Fisch und Käse im feindlichen Revier sind übrigens auch die Rückseiten von Kühlschränken oder Heizungen. Die abstrahlende

Wärme und die vorbeistreichende Umluft sorgen dafür, daß Ihr Feind eine gute Weile was zu Schnuppern hat.

Ein altbewährtes Mittel, die Nase seines Gegners auszuschalten, ist Buttersäure. Sie ist in herkömmlichen Drogerien erhältlich, und ihr Duft ist von dem einer vielfrequentierten Toilette kaum zu unterscheiden. Buttersäure sollte vor allem auf saugfähiges Material wie Holz- oder Teppichböden aufgetragen werden. Ihr Feind darf darauf lange herumschrubben, bis sich der durchdringende Gestank allmählich verflüchtigt.

Da Buttersäure nicht immer problemlos zu besorgen ist, sollten Sie auch die altbewährten Hausmittel nicht außer acht lassen. So kann beispielsweise ein zerschlagenes faules Ei die Sinne ebenso umnebeln wie der Saft einer Knolle Knoblauch. Wobei Sie hierfür den Knoblauch am besten mit einer Tasse Milch aufkochen.

| Kaugummi und Sekundenkleber |

Sekundenkleber wird aus manchem Rächermunde geradezu als Wunderwaffe gepriesen. Was sich allerdings in der Praxis oft als eine ziemliche Übertreibung herausstellt. Jedenfalls dahingehend, daß Sie sich keine große Hoffnung darauf machen sollten, Ihren Gegner mit aneinandergeklebten Gegenständen zur Verzweiflung bringen zu können. Schließlich läßt sich Ihre böse Absicht bereits mit geringer Hebelwirkung spielend aus der Welt schaffen, wobei jedoch in der Regel beschädigte Stellen zurückbleiben. Hingegen kann der destruktive Einsatz von Sekundenkleber für verheerende Wirkungen sorgen.

Ein Beispiel hierfür lieferte mir Selma, die sich in dieser Weise an Erwin, ihrem untreuen Verflossenen, rächte. Selma verschaffte sich Zugang zu Erwins Büro und bekleckerte mit Sekundenkleber seinen Schreibtisch und Aktenschrank. Den feuchten Kleber verrieb sie darauf mit großen Fetzen aus rotem Kreppapier. Danach bekleckerte sie mit dem Rest die Tastaturen seines Computers und Telefons. Als Erwin anderntags in sein ansonsten blitzweißes Büro kam, traf ihn beinahe der Schlag. Schreibtisch, Aktenschrank und Wände waren mit Kreppapier beklebt. Bei seinem Versuch, die Fetzen abzureißen, legte er nur häßliche rote Schleifspuren frei, die sich unauflöslich mit den zuvor weißen Flächen verbunden hatten. Als er seinen Ärger per Telefon beim Hausmeister abladen wollte, mußte er feststellen, daß die Tasten seines Telefons streikten. Für Erwin war daraufhin der Tag gelaufen. Er betrank sich sinnlos, während er darüber sinnierte, wem er die Rechnung für die fällige neue Büroeinrichtung schicken sollte.

In derselben zerstörerischen Weise lassen sich auch Kaugummis aus dem Mund des Rächers einsetzen. Breitflächig in Teppichböden getreten, können sie den Feind noch nach Jahren an seine Niederlage erinnern. Überhaupt macht die Verbindung von Textilie und Kaugummi so gut wie jeden Stoff für die Altkleidersammlung reif. Auch das Verkleben von Türschlössern mit kleinen Kaugummiröllchen ist weitaus effektiver als ein Spritzer Sekundenkleber, der sich anders als Kaugummi mechanisch meist nach wenigen Sperrversuchen bereits entfernen läßt.

Überhaupt wirkt die Entsorgung eines Kaugummis am falschen Ort für die feindliche Seele außerordentlich aufreizend. Egal, ob Sie die ausgekaute graue Masse zwischen Akten schmuggeln, das Laufwerk eines Computers damit blockieren, sie an die Hörmuschel des feindlichen Telefonhörers heften, das gegnerische Klingelschild oder dessen Lichtschalter damit zupflastern – Ekel und Ärger sind mit der Entdeckung Ihrer Ungehobeltheit garantiert. Gleichzeitig vermitteln Sie Ihrem Feind auch die klebrige Gewißheit, daß ihm jemand Böses will.

Am Ende dieser Schrift noch ein paar Überraschungen, mit denen ein eifriger

Rachevariationen

Rächer nicht nur Gelegenheiten, sondern auch seinen Feind beim Schopfe packen kann, damit dieser aus seinem Anzug steigt. Schließlich macht Gelegenheit nicht nur Diebe, sondern auch Rächer zufrieden. Frei nach dem Wahlspruch:

„Schlage den Feind, wo er nichts sieht!"

Sie sollten deshalb jede sich bietende Chance ergreifen, Ihrem Feind ein Bein zu stellen.

So macht etwa ein mit Klebestreifen am gegnerischen Rücken gehefteter Zettel, auf dem sich Ihr Feind ehrlicherweise für jeden Lesekundigen zum Volltrottel erklärt, immer wieder Laune. Gleichermaßen kann ein Spritzer Senf auf die gerade unbesetzte Sitzfläche des Gegners gedrückt ihn der allgemeinen Lächerlichkeit preisgeben. Vor allem aber testen Sie damit seine Leidensfähigkeit. Denn sobald er sich auf den Hosenboden setzt, wird er den feuchten Senf am Hintern spüren. Ein kurzer prüfender Blick, und dem Feind ist klar, daß er für jeden erkennbar die Hose voll hat. Wie er darauf mit der „Schmauchspur" und seiner Verlegenheit ringt, daran mögen Sie letztlich sein Format abschätzen.

Für den schnellen Ärger im Lokal sorgen Sie beispielsweise auch, indem Sie Ihrem Gegner die Mantelärmel verknoten. Allerdings sollten Sie die Knoten schon ordentlich stramm ziehen, schließlich wollen Sie sich rächen und nicht scherzen. In ähnlicher Weise verhelfen Sie Ihrem Gegner am Ende eines Kneipenabends noch zu einer unfreiwillig peinlichen Verlängerung seiner Sitzung. Hierfür müssen Sie ihm nur den Mantel durch einen Ärmel hindurch per Fahrradschloß an die Garderobe ketten. An regnerischen Tagen bietet sich indes sein Regenschirm als Deponie für Essensreste an. Ihr Feind wird sich jedenfalls kaum ins Schlaraffenland versetzt fühlen, sobald ihm vor der Tür unterm aufgespannten Schirm die Spaghetti um die Ohren fliegen. Und sollte

Ihnen der Wintermantel Ihres Feindes ein Dorn im Auge sein, so stecken Sie sich einen Einmalrasierer in die Tasche. In einem unbemerkten Augenblick dürfen Sie ihm dann die Wolle oder den Pelz vom Kragen rasieren.

Damit Ihr Widersacher sich nicht nur vom Unheil verfolgt fühlt, sondern auch weiß, daß ihm ein Rächer auf den Fersen sitzt, sind alle Sorten von Farbsprays und wasserfesten Filzstiften gut. Mit ihnen lassen sich hervorragend so ziemlich alle gegnerischen Breitseiten vom Mantel übers Auto bis hin zu den Hauswänden und Fenstern verschandeln. Gleichzeitig können Sie damit auch seiner Umgebung unmißverständlich mitteilen, welch ein Schurke Ihr Feind ist.

Sollten Sie in dieser Weise Ihrem Gegner auf die Pelle rücken, dürfen Sie es auch nicht versäumen, seine Türklinken zu präparieren, damit er genau in den Dreck greift, für den Sie ihn halten.

Auch ein unbestelltes Taxi mit anschließendem Streit mit dem Lohnkutscher vor der Haustür, der Anruf für den Feind beim Weckdienst oder das Ausstreuen von Insekteneiern im feindlichen Revier beziehungsweise das Anfüttern von Motten mit verpanschter gezuckerter Milch verfehlen ihre Wirkung nur selten.

Selbst kleine Kinderstreiche sind bei der Rache unter ausgewachsenen Menschen immer wieder erfolgreich, besinnen Sie sich ein wenig zurück, und Ihnen wird manch prachtvoller Anschlag in Erinnerung kommen.

Ihr Feind jedenfalls wird es Ihnen zu danken wissen, wenn ihn seine eigenen Jugendsünden als späte Rache wieder einholen.

Und vielleicht führt Sie die Erinnerung an Ihre Jugendzeit auch zurück zu jener Unbefangenheit, mit der Sie sich einst rächen konnten. Sie können sie wieder beleben, sofern Sie Ihre Rachepläne trotz aller erlittener Schmach mit Humor verfolgen. So wird Ihre Rache zu einem reinigenden

Gewitter, an dem Sie Ihren Höllenspaß haben werden. Und mit dem letzten Donnerschlag mögen Sie sich befriedigt die Lippen lecken und genüßlich feststellen:

„Rache ist Blutwurst!"

Stichwortverzeichnis

A

Abführmittel 91
Abmahnverein 133
Abonnementaufkleber 71
Adresse 163
Alarmanlage 78
Alkohol 89
Amtsdeutsch 168
Amtsschimmel 167
Annonce 133, 157
Anrufbeantworter 112
Anzeige 114, 143
Anzeigenblätter 132
Apfel, angebissener 57
Aquariumfreund 86
Arztpraxis 47
Aschenbecher 90
Aufkleber 59, 170
ausplaudern 107
Auspuff 151
Ausverkauf 132
Auto 149, 155, 169

B

Badewanne 69
Badezimmer 87
Baldrian 87
Baldriansaft 150
Balkon 68

Bankkonto, gemeinsames 101
Barecodeaufdruck 59
Bässe 66
Batikfarbe 88
Beerdigungsunternehmer 140
Behörde 167
beleidigen 52
Beleidigung 148
Beschwerde 167
Bettwäsche 68
Bewegungen nachmachen 49
Blickkontakt 34
Blickkrieg 36
Blockade der Kasse 63
Blumen 163
Blumendienst 163
Blumenkanne 37
Blumenkästen, übergossene 69
Briefkasten 71
Briefpapier 131
Briefverkehr 173
Bücherschrank 85
Buchhalter 130
Bürozeiten 168
Butter 106
Buttersäure 150, 176

C

Camembert 87
CD-Sammlung 98
CD-Spieler 66
Champagnerflasche 58
Chilipulver 104
Chilischote 88
China 134
Chlor 78
Computer 92

D

Daueraufträge 102
denunzieren 151
Diavorführung 41
Dildo 157
Dokumente 98
Duftmarken 175

E

Ei, faules 176
Einkaufswagen 60
Einladungskarten 136
Einmalrasierer 179
Einschreibebrief 103
Einwohnerverzeichnis 163
Entschuldigung 46
Entschuldigung, süß gesäuselte 68
Erscheinen, zu frühes 84
Essigessenz 105

F

Fahrradkeller 74
Fahrradschloß 74, 178

Farbpigmente 79
Farbspray 179
Fax-Gerät 119
Fehlleistungen, sprachliche 47
Feindin 164
Feindschaft 96
Fernabfragecode 114
Fernbedienung 68
Fernseher 68
Fernsehzeitschriften 145
Filzstift 179
Fingernagelschneider 57
Fische 86, 175
Flirt 84
Floheier 71
Flug umbuchen 128
Flugtickets 129
Foto, indiskretes 90
Fotokamera 172
fragen 41
Freundin, beste 164
Friteusenfett 61
Fußabstreifer 73

G

Garderobe 89, 178
Garten 78
Gastgeschenk 86
Gebrauchsspuren 57
Geldschein 171
Geliermittel 105
Gemeinschaftswaschküche 79
Genörgel 55

Geruch 86, 150
Gerüchte 107, 165
Geschäftsgeheimnis 124
Geschmacklosigkeit 38
Geschwätz, leeres 47
Getreide 104
Getreidemühle 104
Gettoblaster 66
Gips 88, 104
Glaubersalz 104
Gutschriften 131

H
Händler, unverschämter 53
Handy 91, 115
Harzer Käse 62, 175
Haß 96
Hausbar 104
Haushaltsnatron 104
Hausmeister 76
Hausordnung 67
Haustür 73
Hausverwaltung 75, 173
Hauswurfsendungen 72
Heizöltank 106
Hemden 97
Hobbykoch 103
Hochmut 35
Höllenkonzert 64
Horoskop 142
Hosen 98
Hundesteuer 152

I
Insektenlarven 86
Insekteneier 179
ISDN-Anschluß 111

K
Kanonenschlag 78
Kantenschneider 56
Karneval-Hit 67
Katzenkot 87, 163
Kaufhäuser 59
Kaugummi 127, 177
Kaution 77, 175
Kellerabteil 74
Kleinanzeige 115, 144
Kleingeld 63
Kleinmüll 72
Klingelschild 74, 177
Klitschmasse 89
Klopapier 41
Klopapierrolle 88
Knallbonbons 163
Knoblauch 176
Knöpfe 57
Kochkünste 85
Kondolenzkarte 140
Kondome 154
Kontaktmagazin 157
Kontaktmagazine, erotische 159
Kontovollmacht 101
Kopfkissen 106
Körpersprache 48
Kreditkarte 90
Kreppapier 176 f.

184 *Rache ist Blutwurst*

Küchenwecker 56
Kundenkartei 132
Kundenparkplatz 127
kündigen 171
Kunstliebhaber 38

L
Lärmbelästigung 66
Lautstärke 66
Lebensmittelfarbe 86,
105
Leergutautomaten 62
Lesezeichen 85
Lichtschalter 177
Liebe 96
Liebesbriefe 85
Lieblingsfernsehsendung
30

M
Magazin 41, 160
Mahngespräch 45
Mantelärmel 178
Marihuana 79
Maus 71
Mehltüte 57
Miene, falsche 49
Mieter 77
Mieterverein 77
Milch 179
Mobiltelefon 115
Morgengruß 70
Morgenzeitung 70
Motten 179
Mottenlarven 70

Mülleimer 106
Müllsack 75
Musikauswahl, extreme
66

N
Nachbarschaftratsch 69
Nachlässigkeit 40
Nagel 68
Name 163
Nein 43 f.
Nudel 41
Nummernschild 170

O
Omen, schlechtes 141

P
Parfüm 38, 90
Partner-Kreditkarte 101
Partnerschaft 96
Pelzmantel 100
Pfeffersoße 104
Plastikband, rot-weißes
127
Plottern 165
Porto zahlt Empfänger
103
Post 102
Post, unflätige 148
Postkarte 103
Pranger 147
Präservativ 155
Probeabonnement 146

Prophezeiung, selbsterfül-
lende 142
provozieren 169
Publikum 58

R
Radfahren 151
Ränkeschmiederei 167
Rasendünger 79
Rasierklingen 87
Rat 82
Ratgeber 82
Raucher 36
Rechnung 131
Regenschirm 90, 178
Reifenventil 150
Reinigung 58

S
Säge und Axt 98
Sammler 105
Saudi-Arabien 134
Scheck 128
Scheibenwischer 149
Scheinwerfer 149
Schere 97
Scherzartikel 126
Schild 127
Schimpfwort 51
Schinken 70
Schlafzimmerfenster 75
Schlagbohrmaschine 67
Schlüssel 38, 77
Schmauchspur 178
Schmiere 151

Schmierseife 80
Schminkutensilien 87
Schmuckschatulle 101
Schmuddelhefte 145
Schmuddelzeitung 71
Schnecken 62
Schönredner 45
Schrank 98
Schraubdeutsch 168
Schreibtisch 38
Schreibtischstuhl 37
Schuhe 98
Schuhe ausziehen 41
Schwarzes Brett 76, 174
Schwarzhörer 152
Schwarzmalerei 141
Schweigen 43
Schweißfuß 41
Seelentröster 82
Sekundenkleber 85, 176 f.
Selbsteinwaage 62
Senf 178
Sexgespräch 157
Sexspielzeug 158
Sexualverhalten 108
Shampoo 80
Skontofristen 128
Socke 41
Spachtelmasse 72
Spaghetti 40, 178
Spanner 160
Spannungswahlschalter
92
Spekulieren 102
Spendierhosen 174

Spion 73
Staubsaugertüte 106
Steckbrief 147
Stellenanzeige 132
Stempel 77
Stereoanlage 98
Steuerbelege 152
Stifte 38
Stille, peinliche 44
Stinkefinger 49
Stinkkarre 150
Streichwurst 57
Streitgespräch 45
Stühle 98
Stummschaltung 37
Stummtaste 116
Sub MAIN 95
Supermarkt 54
Swimmingpool 88

T
Tank 149
Tapetennagel 73
1000-Mark-Schein 63
Taxi 179
Telefon 37, 91, 111, 177
Telefonbuch 163
Telefonnummer 156
Telefonsex 90
Telefonzelle 111
Teppich, ausgeschüttelter 69
Teppichböden 177
Tinte 79
Tische 98

Todesanzeige 141
Toilettenschüssel 88
Trauerkranz 140
Trillerpfeife 112
Türklinke 179
Türknauf 73
Türschloß 73, 177
Tusche 79

U
Überweisung 129
Umetikettieren 59
Umsortieren von Ware 62
Umweltschutzämter 152
Unaufmerksamkeit 50
Unkräuter 79
Unkraut-Ex 78
Untätigkeitsklage 167
unverblümt 46
Unzulänglichkeiten, äußerliche 49

V
Vaseline 86
Verbraucherschutzverein 54
Verflossene/r 96
Verlegenheit 39
Vermieter 77
Vibrator 157
Videokamara 172
Videokassetten 85
Vorhängeschloß 74
Voyeure 159 f.

W

Waage 55
Wagen 100
Wahrsagerin 142
Wandfarbe 73
Ware bestellen 131, 135
Ware geringfügig mindern 57
Wäsche 79
Wäschefarbe 80
Waschmaschine 69
Waschsalon 80
Weckdienst 179
Weichkäse 86
Werbebroschüre 72
Westentaschen-Casanova 83

Wettbewerb, unlauterer 133
Wie bitte? 50
Windschutzscheibe 170
Wintermantel 179
Wohnung 106

Z

Zeitschriftenspende 71
Zeitungsklau 70
Zettel 76, 178
Zettel auf dem Rücken 89
Zigarette 37, 127
Zucker 38

Notizen

Notizen

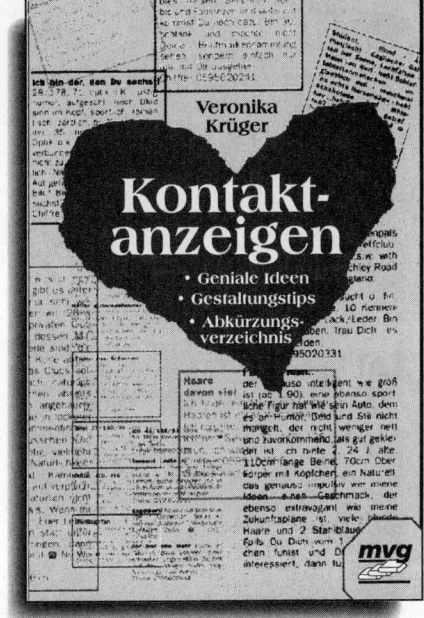